미국 메모랜덤

차례
Contents

제1부 미국은 이런 나라

미국에 대한 이모저모

    미국에 관한 정보를 개괄적으로 소개한 책은 여러 종류가 있는데, 그것은 종합 안내서에서 여행 가이드에 이르기까지 다양하다. 꽤 두툼한 분량의 『이것이 미국이다』(합동국제문화센터)는 미국에 관한 작은 백과사전이라 할 만하다. 이 책은 미국의 역사·지리·정치·경제를 압축해 놓았고, 미국을 이루는 50개 주에 대한 내용과 알아두면 유익한 미국 관련 정보를 담았다.

    책의 앞쪽에 있는 화보면에 실린 '미합중국 개요'는 미국의 이모저모를 한눈에 보여 준다. 이에 따르면, 미국의 국토 면적은 980만 9,431㎢이고, 인구는 2억 8,141만 1,906명이다. 인구는 2000년 4월 실시한 국세조사의 결과다. 인구가 가장 많은 주는 캘리포니아이고, 텍사스와 뉴욕 그리고 플로리다가 그 뒤를 잇는다. 종교 분포는 프로테스탄트가 61%로 다수를 점하며, 가톨릭 32%, 유대교 2%의 순서다.

미국의 나라 새가 독수리이고, 엉클 샘이 미국의 별명이라는 것은 비교적 널리 알려진 사실이지만, '미합중국 개요'는 조금 낯선 내용을 알려 준다. 그것은 다름 아니라 미국의 나라꽃이 장미라는 사실이다. 또한, 화보면에는 50개 주를 상징하는 깃발과 역대 미국 대통령의 초상이 담겨 있기도 하다. 총론에 해당하는 제1부 '이것이 미국이다'의 서두에서는 미국의 넓은 땅덩이를 실감케 한다.

"미국의 국토는 삼림지대, 사막지대, 산지고원, 평야 등 다양한 지형으로 이뤄져 있다. 거의 모든 기후를 볼 수 있지만 대체로 온대지역에 속한다. 동쪽 대서양 연안에서 서쪽 태평양 연안에 이르는 거리가 4,500km에 달하고 있다. 북쪽은 캐나다와 국경을 이루고 있고, 남쪽은 멕시코 만에 닿아 있다. 시속 96km의 빠른 기차로 여행해도 대륙을 횡단하는 데 45시간 이상이 걸린다." 미국 동부 해안에서 서부 해안까지 비행기로는 5시간이 소요된다.

국세조사국에서는 10년마다 인구조사와 산업조사를 실시한다. 인구조사를 하는 까닭은 산업적 측면의 고려가 담긴 것이지만, 헌법에 그렇게 규정돼 있기 때문이다. "하원의원과 직접세는 합중국에 가입한 각 주의 인구수에 비례하여 이를 각 주에 배당한다. 인구수의 산정은 합중국 의회의 최초의 개회 후

3년 이내에 행하고, 그 후에는 10년마다 법률이 정하는 바에 의하여 이를 행한다."(헌법 제1조 제2항에서) 인구조사는 각 주에 하원의원 숫자를 배정하기 위한 사전 절차라고 할 수 있다. 다시 말해, 10년 주기의 인구 센서스는 미국의 민주주의를 뒷받침하는 장치인 셈이다.

1806년경부터 'Star Spangled'이라 불리기 시작한 미국 국가의 작사자는 볼티모어 출신의 프랜시스 스콧 케이(Francis Scott Key)라는 사람이다. 미국과 영국 사이의 전쟁이 끝날 무렵인 1814년 9월 13일, 케이는 미국인 포로를 석방시키기 위한 교섭 사절로 영국 군함에 오른다. 교섭에는 성공했으나 볼티모어 만의 포트 멕헨리를 향해 영국군이 공격을 시작하자 케이 일행은 함정에 발이 묶인다. 9월 14일 새벽, 25시간에 걸친 포격에도 불구하고 미군 요새에 성조기가 나부끼고 있는 것을 목격한 케이에게는 감동이 밀려 왔다. 케이는 그 감동을 시로 옮겼다. 이 시는 9월 20일자 볼티모어 신문에 발표되어 큰 반향을 몰고 왔고, 영국 노래 'To Anacreon in Heaven'의 멜로디에 가사로 붙여져 미국 국가로 불리게 되었다.

미국판 '국기에 대한 맹세'에는 미국 사람들의 국가관이 함축돼 있다. "나는 미합중국의 국기에 대한 충성심은 물론, 국기가 상징하는 하나님의 가호 아래 단일국가로서 분리될 수 없으며 국민 모두에게 자유와 정의를 주는 공화국에 대한 충성도 아울러 맹세한다." '국기에 대한 맹세'를 통해 국가적 결속을 다지려는 것은 미국이 여러 인종으로 구성된 다민족 국가이기 때문이리라.

한스 디터 겔페르트의 『전형적인 미국인』(에코리브르)에서
는 『1995년 미국 통계연감』을 출처로 하는 미국의 민족 분포
를 다음과 같이 적시하고 있다. "1990년까지 미국의 민족 분
포는 독일 20.3%, 영국·웨일스·스코틀랜드 14%, 아일랜드
13.5%, 아프리카 8.3%, 이탈리아 5.1%, 멕시코 4.1%, 북유럽
4%, 동유럽 3.5%, 폴란드 3.3%, 인디언 3%, 라틴아메리카
2.5%, 네덜란드 2.2%, 에스파냐 0.7%, 그 밖의 유럽 5.8%, 아
시아 2.1%였다."

"누가 진정한 미국인이며 그들은 어디에 살고 있는가?"라
는 물음으로 책의 두 번째 장인 「전형적 미국인」의 말문을 연
겔페르트는, 이렇듯 다양한 민족의 사람들이 넓은 땅에 퍼져
살고 있는 까닭에 전형적인 미국인을 찾는 일이 부질없을지도
모른다고 한 발 물러서는 척 한다. 그러나, 겔페르트는 곧바로
"외국인들은 미국인을 쉽게 식별할 수 있고, 미국의 어느 지
역에 살든 그리고 조상이 어디에서 왔든 미국인들이 공통적으
로 인정하는 자신들만의 고유한 특징이 있다"고 잘라 말한다.
"진정한 미국인이란 스스로 미국인이라고 의식하는 모든 시민
들을" 가리킨다는 것이다. 또한, 겔페르트는 미국이란 나라의
전형적인 특징은 미국의 도처에서, 그리고 미국에 살고 있는
모든 사람에게서 발견된다고 덧붙인다.

그러면, 독일인인 겔페르트가 파악한, 미국인을 미국인이게
하는 전형적인 가치관들을 살펴보기로 하자. 우선, 미국인은

스스로를 명백한 운명을 타고난 선택받은 족속이라고 여긴다는 것이다. 미국으로 이주해 온 청교도들에게는 자신들의 행동을 정당화시킬 이데올로기가 필요했는데, 서부개척을 통해 그들은 그걸 얻게 된다. '유나이티드 스테이츠 매거진 & 데모크라틱 리뷰' 지의 존 오설리번 기자는 1845년 7~8월호에서 이렇게 썼다.

"우리가 대륙으로 건너와 매년 수백만 명에게 자유롭게 발전할 가능성을 열어주는 것은 어쩌면 하늘이 우리에게 부여한 명백한 운명인지 모른다."

그러니, 미국의 정치인들이 연설 말미를 '신이여 미국을 축복하소서(God bless America)'로 장식하는 것도 무리는 아니다. 그뿐이 아니다. 미국 달러에는 '우리는 하느님을 믿는다(In God we trust)'는 문구가 들어 있다. 이 문구는 미국의 국가적 슬로건이다. 신적인 존재를 믿으며, 믿고 있는 신이 자신들을 축복한다는 믿음은 미국인의 또 다른 특징이다. 미국인의 87%는 자신의 삶에서 종교가 큰 역할을 한다고 생각하며, 미국인의 78%는 적어도 일주일에 한 번은 기도를 올린다. 또, 미국인의 69%가 악마의 존재를 확신한다. 악마의 존재를 믿는 독일인은 18%에 불과하다.

아메리칸 드림은 행복을 추구하는 미국인들과 불가분의 관계에 있는 특질이다. 더욱이 아메리칸 드림은 기회의 나라, 풍요의 나라, 개척자 정신(프런티어) 따위의 미국의 표상들과 짝을 이룬다. 성공을 숭상하는 미국 사회의 풍조 역시 아메리칸 드림과 연관성이 있다. 그런데 '무한한 가능성의 나라'라는 상투어의 최초 발설자는 미국인이 아니다. 이 말을 최초로 유행시킨 이는 1902년 학업을 위해 미국으로 건너간 루드비히 막스 골드베르거라는 사람으로 추정된다. 미국인들은 이보다는 소박하게 미국을 가리켜 그저 '기회의 나라'라고 말했다고 한다.

겔페르트는 "미국이 신화 속에서 보면 그토록 동질적이지만, 신화의 배후에 있는 현실을 보면 모순적이기 짝이 없다"고 지적한다. 겔페르트가 책의 다섯 번째 장에서 길게 나열한 미국인의 모순된 측면들은 그대로 미국인의 특성이라고 할 수 있다. 겔페르트가 포착한 미국인의 이중적 행태 가운데 몇 개를 꼽아보면, 미국인들은 이상주의적인 물질주의자이고, 협동정신을 지닌 개인주의자이며, 평화를 사랑하는 투사다. 고립주의 성향을 지녔으면서도 세계의 경찰임을 자처한다. 또, 정부에 적대적인 애국자와 반권위적인 영웅 숭배자, 그리고 묵시록을 두려워하는 낙관주의자가 득실거린다. 보수적이지만 열렬하게 진보를 원하는 사람들이 불평등의 평등을 지향한다. 학문에 대한 믿음이 굳건한 반면 반지성주의가 팽배해 있다. 쾌락을 추구하는 금욕주의는 미국인의 빼놓을 수 없는 모순된 행태다. 이를 두고 겔페르트는 나름의 분석을 시도했는데 "미국인들은 굳이 법적으로 규정되어 있기 때문에 쾌락을 어느 정도 포기하는 것이 아니라 이웃의 행복을 침해할 여지가 있으면 스스로 자신의 쾌락에 한계를 정한다"는 것이다.

미국인의 모순된 태도에는 나름의 원칙이 있기에 그들은

결코 스스로를 표리부동하다고 여기지 않는다. 미국인들은 자유와 도덕이 긴장하는 경우, 선택을 놓고 별다른 갈등을 느끼지 않는 듯싶다. 거기에는 분명한 우선순위가 있기 때문이다. "미국인들은 가능하면 자유를 원한다. 그러나 국가의 최고 가치가 위험에 처하면 이들은 청교도적 사고방식으로 돌아가 자유의식이 팽배한 국가에서 감히 있을 수 없을 만큼 자유를 제한하더라도 이를 기꺼이 수용한다."

미국인의 기질적 특성은 『유시민과 함께 읽는 신대륙문화 이야기』(푸른나무) 미국편에서 읽을 수 있다. 자기네 나라가 가장 낫다는 생각은 어느 나라 사람이나 마찬가지로되 미국 사람은 특별히 그런 자부심이 강하다. 다른 점이 있다면, 미국인은 자기네 나라가 최고라는 믿음에 대한 객관적 증거를 제시할 수 있다는 점이다. "미국에 들어오려고 하는 사람들이 전세계에서 몰려들고, 심지어 목숨이 왔다갔다 하는 희생을 기꺼이 치르고 있지 않느냐는 것이다."

아무튼 미국인에게는 일등을 한다는 것이 아주 중요한 문제다. 게임을 어떻게 풀어나가느냐는 그리 중요하지 않다. 승리가 관건이다. 만일 지더라도 승자처럼 비치는 것 또한 중요하다. 이기는 것이 중요한 까닭은 그래야 마음이 편하기 때문이다. 마음이 편하다는 것은 매우 독특한 미국적 정서다. 미국인들은 이를 충족하기 위해 정신요법에 관한 책과 약, 심리치료 따위에 수천 달러를 쓴다. 그런데 편안한 마음을 추구하는 미국인의 이면에는 불안감이 서려 있다. 마음가짐 역시 모순된 미국인들이 아닐 수 없다.

영국 Oval Projects Ltd.에서 개발한 '제노포브스 가이드(Xenophobe's)'를 우리말로 옮긴 것이다. 한글판의 제목은 번역자의 명망에 기댄 기색이 역력하다. 신대륙이야기는 호주·뉴질랜드·미국, 세 나라의 내용을 담았는데 나라별로 별도 구입이 가능하다. 따로 출간된 미국편은 『유시민과 함께 읽는 미국문화이야기』다.

미국의 서부, 민주주의, 남부, 다문화주의 등의 네 가지 코드로 미국의 정체성과 현주소에 접근한 『미국은 과연 특별한 나라인가?』(소나무)에서 김봉중은 표제로 쓰인 질문에 대해 뚜렷한 대답을 하기는 쉽지 않다고 말한다. 긍정적인 답변은 대체로 미국에 대한 우호적인 시각이 배경을 이룰 것이고, 부정적인 답변은 미국에 대한 부정적인 시각이 적잖이 작용할 것이기 때문이다.

미국사를 전공한 김봉중은 미국이 진정 특별한지 여부에 대한 그 근거가 외국인의 평가보다는 미국인의 자체평가에 더 좌우된다고 하면서도 "미국은 정적인 나라가 아니라 동적인 나라"라는 표현으로 조심스럽게 미국의 특별함을 인정한다. "미국은 만들어지고 있는 나라이지 이미 완성된 나라가 아닌 것이다. 미국이 특별했다면 지금까지는 이 동적인 전통이 끊임없는 도전 속에서도 지켜져 왔다는 것을 뜻한다."

그런데 적어도 미국은 한국에서는 매우 예외적이고 특별한 나라다. 그것은 우리가 사용하는 미국의 한자 표기에서도 드러난다. 세계 49개 나라의 핵심 요소를 간략하게 서술한 박영수의 『그 나라의 문화가 궁금하다』(학민사)의 미국편은 미국이 '아름다운 나라'로 불리게 된 정황을 설명하고 있다.

"미국의 정식 명칭은 United States of America이며, 약칭은 U.S.A. 또는 U.S.이다. 아메리카(America)는 별칭이며, 1499년 신대륙 탐험에 나섰던 이탈리아의 항해사 아메리고 베스푸치(Amerigo Vespucci)의 이름에서 유래되었다. 미국(美國)은 'America'의 음역이 여러 변천과정을 거쳐 정착된 말이다. 처음에는 아메리카를 딴 '아미리가(亞米利加)'라고 표기하였으나, 점차 '미국(米國)'이라 하던 것을 '美國'으로 고치게 되었다.(일본에서는 지금도 米國이라 표기하고 있다)"

1990년대 중반 출간돼 베스트셀러가 된 방송작가 백현락의 미국 체류기 『미국분 미국인 미국놈』(도솔)의 제목을 군이 한자를 섞어 표기한다면, 『美國분 米國인 尾國놈』이 될 것이다.

우리의 눈에 비친 미국

　미국은 우리 나라와 태평양을 사이에 두고 멀리 떨어져 있지만, 많은 한국인은 그런 지리적 거리에 둔감한 형편이다. 가끔은 미국이 '가깝고도 먼 이웃'인 일본보다 더 가까운 곳에 있다는 착각이 들 정도다. '미국에 들어간다'는 표현이 일상어로 자리잡았을 만큼, 한국 사회는 미국에 밀착돼 있다. 미국과의 정치·경제·군사적 교류는 논외로 하더라도, 우리는 미국과 긴밀한 관계를 맺고 있다.

　수십만 명에 이르는 재미교포가 존재하거니와 2002년 해외로 유학을 떠난 30여 만 명의 과반수가 행선지로 미국을 택했다. 더구나 미국이민과 유학의 역사는 벌써 한 세기를 넘어섰다. 또한, 아무리 사세가 약하더라도 중앙언론사는 특파원을 상주시켜, 미국의 일거수일투족을 전달하고 있다. 그리고 직접 미국을 살펴볼 기회를 얻었던 한국인들은 자신이 보고 들은 것을 기록해 책으로 펴내고 있다. 한국인이 쓴 미국 인상기의 저자는 크게 세 부류로 나눌 수 있는데, 유학생과 이민자 그리고 언론사의 특파원이 그들이다.

미국에 체류한 기간과 전체 인원은 유학생과 이민자가 훨씬 많지만, 미국 인상기의 저자로는 언론사 특파원의 활약상이 눈부시다. 아무래도 기자들이 글쓰기에 친숙해 그런 현상이 나타나는 것 같다. 넓은 의미의 유학생의 인상기는 일기 같은 내면적 형식에 담겼을 가능성이 높아 일반 독자의 손에는 쉽게 전달되기 어려운 상황도 언론인의 미국 인상기 출간을 부각시키는 요인으로 작용하는 듯싶다.

어쨌든 단편적인 형태로나마 유학생의 미국 인상기는 꾸준히 활자화돼 왔고, 그럴 예정으로 있다. 구한말 당시로서는 드물게 미국유학을 경험한 윤치호의 미국 인상기는 『윤치호 일기 1916~1943』(역사비평사) 편역자의 해설을 통해 그 내용이 어렴풋하게나마 감지된다. 『윤치호 일기』의 편역자는 한일합방 이전까지 씌어진 윤치호의 일기를 그의 체류지와 주된 활동상황을 중심으로 여섯 시기로 구분하면서 미국유학기를 네 번째 시기에 위치지운다.

"넷째, 미국 유학기(1888년 11월~1893년 10월)에는 대학생활과 교회생활을 중심으로 기독교인의 정신자세 등을 논하고, 미국 사회의 인종차별을 비판하면서 중국과 조선의 현실을 비판적으로 기록했다" 1889년 12월 7일 이후 영문으로 쓰기 시작한 것까지 완역한 윤치호 일기의 전편이 연세대 한국학 연구소를 통해 출간될 예정이다. 윤치호의 영문 일기는 1970년대 초반 사료 형태로 간행된 바 있다.

정식 유학은 아니고 어학연수에 비유할 수 있는 미국 중부의 아이오아 대학이 주최하는 국제작가프로그램에 국내 작가들도 꾸준히 참가해 왔다. 이 프로그램에 참가한 국내 작가들은 아이오아에서 느낀 미국의 인상을 어떤 형태로든 표출했다. 1973년 참가자인 최인훈은 장편소설 『화두』의 제1부에 그 경험을 일부 담았고, 1994년 참가자인 최승자 시인은 참가기를 아예 단행본으로 엮기도 했다.

최승자의 『어떤 나무들은 ─ 아이오아 일기』(세계사)와 최인훈 소설 속에 묘사된 아이오아의 풍경과 사람들은 20년의 시차가 거의 느껴지지 않는다. 그곳에는 예나 지금이나 소박하고 따뜻한 마음을 지닌 사람들이 산다. 한편, 『화두』의 제1부에서는 소설의 화자가 마르크스의 『자본론』 영어판을 아이오아 대학 앞의 책방에서 사서 읽는 대목이 이채롭다. 당시만 해도, 우리 나라에서 『자본론』은 금서 중의 금서였다.

소설가이자 정치인인 김한길의 『미국일기』(문학사상사)에는 가난한 유학생의 애환이 담겨 있는데 그것은 또한 이민자의 애환이기도 하다. 아르바이트 일터인 주유소에서 졸다가 20달러짜리 위조지폐에 속고마는 유학생에게 모처럼 찾은 디즈니랜드는 그저 환상의 나라일 따름이다. 코리아타운에 거처를

정한 것으로 보이는 유학생의 일기에는 한국사람들이 빈번하게 등장한다. "서울에서 생각했던 미국은 지도 위에밖에 없다는" 듯이.

게다가 유학생은 한국에서 벌어지는 일에도 주의를 기울인다. 한국에서 일어난 사건·사고가 비중있게 다뤄지는데 1981년 12월 2일 일기는 우리 사회를 들썩이게 했던 '윤상 군 살해사건'을 언급한다. "윤상이를 유괴해서 살해한 주(朱)라는 체육선생 때문에 한국이 떠들썩한 모양이다." 체육교사의 패륜적 행위에 아무리 경악한들 달라질 게 없다고 보는 김한길은 인간 속에 잠재한 모든 것을 인정하자는 쪽으로 생각을 정리한다. 그러면서 선악이 뒤섞인 미국 사회의 양상을 이렇게 전한다.

"포르노 영화를 찍기 위해서 열 살도 안 된 아이들을 카메라 앞에서 실제로 살해한다는 미국에, 스물다섯 살짜리 딸과 또 한 명의 정부를 한 침대에서 품고 뒹굴었다는 백만장자가 재판을 받고 있는 이 나라에, 국제구호기금에 매달 20달러씩 말 없이 송금하는 수만의 노동자가 함께 살고 있는 것이다. 어린 소녀가 '마지막이 될 크리스마스에 카드나 많이 받아보았으면 좋겠다'고 한 말이 전해지자, 그 소녀에게 수십만 통의 카드가 쇄도하는 일이 이 미국에서 벌어지고 있는 것이다."

한국인의 미국 인상기 중에는 거품 섞인 제목의 책이 더러 있다. 직업이 의사인 김현아의 『나는 미국이 싫다』(중앙M&B)는 대중서적을 통해 미국에 대한 반감을 거의 최초로 표명한 의의는 충분하지만, 비교적 짧은 미국 체류 경험과 미국인과의 교류의 폭이 협소한 탓에 미국을 싫어하는 논리에 대한 설득력이 떨어진다.

김보경의 『미국에 대해 알게 된 두세 가지 것들』(한울)은 유학중에 현지인과 결혼해 미국에서 살고 있는 지은이가 미국 생활의 뒷얘기를 기록한 책이다. "우리 문화에 대해 새롭게 인식하게 하며, 미국문화를 좀더 깊이 이해하는 데 많은 도움을 주리라 생각한다"는 추천사와는 달리, 눈에 띄는 내용이 별로 없다. 같은 출판사가 펴낸 『영화에 대하여 알고 싶은 두세 가지 것들』을 패러디한 제목이 머쓱할 지경이다.

저널리스트인 이진의 『나는 미국이 딱 절반만 좋다』(북&월드)에서는 지은이의 미국에 대한 호감과 반감이 분명하게 구별되지 않는다. 대신, 공화당 지지자와 민주당 지지자의 단순 대비 같은 것이 지면을 채우고 있다. 지은이가 말하는 공화당파와 민주당파를 감별하는 방법은 크게 네 가지다.

첫째가 외양이다. 공화당파는 단정한 복장과 깔끔한 외모로 격식을 차리는 데 비해 민주당파는 자유분방하다. 둘째, 행동과 사고발달 성향에서도 차이가 난다. 공화당파는 대체로 보수적이고, 민주당파 중에는 자유주의자가 많다. 공화당파와 민주당파를 구별하는 세 번째 감별법은 그들이 나누는 대화이다.

"만약 어떤 사람이 주식과 뮤추얼 펀드, 세금 문제 등 비즈니스와 재산 증식과 관련된 이야기를 즐겨 한다면 그는 공화당파이기 쉽다. 또 (총을 가지고 있다는 뜻에서) 사냥을 즐긴다거나, 임신중절은 법으로 금지해야 한다고 주장하는 사람은

17

반드시 공화당파이다. 이에 반해 어떤 사람이 뜬금없이 남미에 CIA가 깊숙이 관련되어 있다느니, 노동조합위원장의 연설이 너무 보수적이었다느니, 쓰레기는 반드시 분리수거해 버려야 한다고 말하거나, 히피 스타일의 옷을 보며 '굉장히 좋군요'라고 한다면 백발백중 민주당파라고 볼 수 있겠다."

네 번째는 인종과 태생지로, 피부색과 지역에 따라 양당에 대한 지지가 갈린다. 지은이가 미국의 절반만 좋다고 말한 것은 아무래도 자신의 민주당에 대한 호감을 다르게 표현한 걸로 보인다. 쓸데없이 병기한 영어문장은 독서의 흐름을 방해한다.

한국경제신문 뉴욕특파원을 지낸 박영배의 『미국, 야만과 문명의 두 얼굴』(이채)은 제목만 봐서는 '절반만 좋다' 계열에 속한다고 볼 수 있으나, 내용은 판이하다. 훨씬 진지하다. 인종차별과 북미원주민말살을 비중있게 다룬 데서 알 수 있듯이 미국의 긍정적 측면보다는 부정적 측면에 주의를 기울였다. 로키 산기슭의 스키장에 흑인은 단 한 명도 눈에 띄지 않는 미국의 현실을 묘사한 대목에서 미국 사회가 백인 중심의 사회라는 점을 실감케 한다.

여러 민족이 한데 어우러져 사는 미국을 일컬어 흔히 '멜팅 포트(melting pot)'라고 표현한다. 그런데 미국 땅을 처음 밟은 박영배는 '멜팅 포트' 대신 '샐러드 볼(salad bowl)'이라는 표현을 접하고 신선함을 느낀다. "온갖 주물을 녹여 '아메리칸'이라는 쇠를 만들어내는 용광로가 아니라 상추, 양배추, 피망, 순무, 버섯 등 각기 다른 특성을 가진 채소들이 고유의 민족적 정체성과 문화를 간직한 나라가 미국이라니, 얼마나 멋진 이 상향인가?"

하지만, 박영배의 이런 생각은 미국의 대학에서 만난 노(老) 교수에 의해 다소 순진한 발상이었던 걸로 판명난다. 그 교수는 미국이라는 용광로에서 만들고자 하는 것은 가장 미국인다운 미국인, 곧 '와스프(WASP, White Anglo-Saxon Protestant)' — 앵글로-색슨 혈통에 개신교를 믿는 백인 — 라고 갈파했고, 박영배는 이를 나름대로 해석했다.

"흑인이나 황인종이 용광로에 들어간다 하여 백인으로 되어 나올까마는 얼굴색은 달라도 적어도 사고방식과 행동양식만은 백인과 유사해야 한다는 이론이다. 듣고 보니 옳았다. 청교도들이 미국 동부 해안에 상륙한 이래 역사 속의 승자는 항상 와스프였다. 다문화주의란 곧 와스프란 양상추에 장식 삼아 다른 문화적 특성을 살린 '와스프 샐러드'였던 셈이다."

한국방송 뉴욕 PD 특파원을 역임한 이영돈의 『미국 환상깨기』(지상사)는 '미국이 싫다' 범주에 드는 책이다. 허나, 미국을 싫어하는 지은이가 이 책을 통해 의도하는 바가 소기의 성과를 거둘지는 미지수다. 이미 미국을 싫어하는 독자에게는 본문에 들어간 서울시청 앞 촛불시위 사진은 시류에 영합하는 장치로 비칠 수도 있고, 미국에 환상을 갖고 있는 독자에게는 책의 비판강도가 미진한 구석이 있어서다. 아무리 비판의 강도가 강해도 미국의 환상에 빠진 독자는 어쩌지 못하겠지만 말이다.

그렇다고 이 책이 쓸모가 전혀 없는 건 아니다. 미국인들이

'사과한다'는 말을 가장 쓰기 싫어한다거나(그래서 부시가 공개 사과를 거절했나!), 미국에 사는 한국사람의 열에 아홉은 영어를 유창하게 구사하지 못한다(정말 그럴까?)거나, 미국에서는 애완견에게도 우울증 치료제를 처방한다는 내용은 처음 듣는 얘기다.

그나마 미국에 상대적으로 오랫동안 머물렀던 특파원이 쓴 책들에 솔깃한 내용이 많다. 그러나 그것 역시 전공분야라 할 수 있는 언론에 관한 내용에 국한한다. 『서울─워싱턴─평양』(비봉출판사)은 11년간 한겨레신문 미국특파원을 지낸 정연주 한국방송 사장의 워싱턴 비망록 첫째권이다. 이 책에서 정연주는 미국 발 뉴스를 이해하는 데 필요한 기초지식 몇 가지를 귀띔한다.

먼저, 워싱턴에 온 한국의 정치인이나 단체가 "내셔널 프레스 클럽에서 기자회견을 했다"고 했을 경우, 대개는 내셔널 프레스 클럽에 있는 방 가운데 하나를 빌려 기자회견을 했다는 것을 뜻한다. 1908년 3월, 32명의 기자가 모여 만든 미국 내셔널 프레스 클럽이 주최하는 기자회견은 크게 두 가지로 클럽의 명물로 통하는 '오찬연설'과 공식적인 기자회견인 '뉴스메이커'가 있다. 한국에서 온 정치인들은 누구나 할 수 있는 그래서 가장 많이 행해지는, 돈을 내고 프레스 클럽의 방을 빌려서 하는 기자 회견을 하고는, 마치 내셔널 프레스 클럽이 주최한 기자회견을 치른 것인 양 홍보한다는 것이다. 이는 한국의 문화예술인들이 역시 돈만 주면 얼마든지 대관이 가능한 카네기 홀 공연을 무슨 대단한 공연인 것처럼 내세우는 것과 같은 이치다.

미국 관리들이 행하는 기자회견 또는 브리핑에는 네 가지 층위가 있고, 그 성격은 주최측이 규정한다. 브리핑이나 기자회견을 하기 전에 주최측은 회견의 성격을 미리 말하고, 그에 따른 규정을 덧붙인다. '온 더 레코드(On the Record)'는 문자 그대로 기자회견에서 오간 내용을 그대로 보도할 수 있다. 브리핑하는 사람의 이름과 직위 그리고 발언내용이 모두 공개된다. 브리핑 장면을 TV 카메라에 담을 수 있고, 일반 사진촬영이 가능하다. 백악관과 국무부의 정례 브리핑이 여기에 포함된다.

'백그라운드 브리핑(Background Briefing)'에서는 브리핑 내용을 인용 보도할 수는 있지만, 브리핑하는 사람의 신분을 밝히진 못한다. 사진촬영도 불가하다. 미국 대통령이 서울을 찾거나 한국 대통령이 워싱턴을 방문하는 경우, 국무부의 동아시아 태평양 담당 차관보나 다른 관리들이 배경 설명을 하는 브리핑을 시작하기 전, 보통 다음과 같은 고지를 한다.

"이 브리핑은 백그라운드 브리핑이다. 브리핑을 하는 사람의 직위나 이름을 밝혀서는 안 된다. 그냥 '미국 국무부 고위관리' 또는 '미국 정부 고위관리'로 표현하면 된다."

'딥 백그라운드 브리핑(Deep Background Briefing)'은 브리핑한 사람의 신분은 물론이고, 브리핑 내용도 인용부호에 담아 기사화할 수 없다. 브리핑을 통해 제공된 내용만을 보도할 수 있다. "이렇게 전해졌다" "~라고 알려졌다" 식의 기사문은 딥 백그라운드 브리핑에 근거한 것으로 보면 된다.

끝으로 비보도를 전제로 한 브리핑인 '오프 더 레코드(Off the Record)'가 있다. 워싱턴을 찾은 한국의 관리들은 기자회견의 층위와 규정을 혼동해 이따금 낯을 붉히는 경우가 있다고 한다. 이런 내용은 책의 제4부 「워싱턴 특파원」에 들어 있다. 그런데, 같은 제목의 책이 26년 전에 나왔었다. 국회의원과 주일대사를 역임한 조세형의 『워싱턴 특파원』(민음사)은 1960년대 후반에서 1970년대 중반까지 6년에 걸친 한국일보 미국 특파원 경험의 소산이다.

김기협의 『미국인의 짐』(아이필드)은 넓은 의미로 언론인의 미국 인상기에 포함시킬 수 있지만, 직접적인 체류 경험의 산물은 아니다. 이 책은 역사학자인 지은이가 신문에 쓴 칼럼을 모은 것이다. 지은이는 신문과 잡지에 글을 쓰면서 다양한 분야로 관심의 폭을 넓히던 중 자신의 관심사가 한 곳으로 수렴되는 것을 발견했다. 그것은 바로 미국이었다. 제목은 15~16세기 대항해에 나선 유럽인들 가운데 일부가 서구문명으로 야만인을 구원하는 것을 '백인의 짐(White Man's Burden)'으로 여겼던 데서 따왔다.

미국을 다룬 글은 연도별로 묶은 1997년에서 2000년까지 씌어진 짧은 칼럼들에도 더러 들어 있지만, 최근에 씌어진 비교적 긴 분량의 칼럼을 모은 제1부 '페리스코프'에 집중돼 있다. 중국사를 전공한 지은이가 중국의 고대사에 비춰 오늘 미국의 현실을 묘파하는 솜씨가 뛰어나다. 미국의 행태에 대해서도 대체로 비판적인 시각을 견지한다. 하지만, 지은이의 전반적인 미국관은 기성세대의 그것에 가까워 보인다.

"미국의 대외정책을 (매도에 가깝게) 비판하는 글을 꽤 많이 쓰는 사람이지만 필자는 반미주의자가 아니다. 미국의 구조적 문제가 온 세계에 나쁜 영향을 끼치는 것을 걱정하고, 과거의 한미관계가 떳떳하지 못했던 것을 아쉽게 생각할 뿐이다. 미국이라는 국가가 있음으로 해서 이 세상에 나쁜 일보다 좋은 일이 더 많았다고 생각하는 사람이다."

미국으로 인해 나쁜 일보다 좋은 일이 많았다고 생각하는 것이 썩 달갑지는 않아도, 그런 생각을 존중하고 싶다. 적어도 이 책에 나타난 지은이의 생각은 노골적인 숭미 또는 친미와는 거리가 멀다. 정작 내 불만은 다른 데 있다. "한국전과 베트남전에 미국이 앞장선 것은 초강대국의 위상 때문이다." 이 대목에서 그간 작동이 잘 되던 역사학자의 '잠망경'에 잠시 뿌연 김이 서린 듯하다.

해외 석학이 본 미국

해외 석학의 미국 인상기

장 보드리야르, 움베르토 에코, 마빈 해리스 그리고 시몬느 드 보부아르의 공통점은? 이 세계적 석학들은 공히 미국 인상기를 썼다. 『아메리카』(문예마당)는 프랑스의 철학자 보드리야르의 미국여행기로 1970년대와 80년대 미국에 대한 생각을 여섯 편의 글에 담았다. 보드리야르는 미국을 '성취된 유토피아'로 규정한다. 이상이 성취됐다면 이제 남은 것은 내리막이다. 보드리야르는 미국이 내리막길로 접어든 시점을 의외로 앞서 잡는다.

"50년대는 미합중국에게 진정한 하이라이트였다. 그리고 당신은 그 시절에 대한 향수, 권력이 권력을 쥘 때의 권력의 황홀경에 대한 향수를 느낄 수 있다. 70년대에 권력은 여전히 존재하나 그 마력은 깨졌다.”

보드리야르는 미국도 다른 나라와 마찬가지로 부드러운 세계질서에 순응해야 한다고 충고한다. 그 이유는 미국의 힘이 소진돼서가 아니다. 이제 더 이상 중심이 존재하지 않기 때문이다. 포스트모더니스트다운 발상이다. 혹자는 그러면 미국문화의 여전한 파워는 어떻게 설명하겠느냐고 따질지도 모르겠다. 보드리야르는 이에 대한 답변을 준비해놨다. 그것은 ‘특수효과의 힘’에 지나지 않는다.

장편소설 『장미의 이름』으로 유명한 이탈리아의 기호학자 움베르토 에코는 미국을 ‘극사실주의 제국’이라 칭한다. 『포스트모던인가 새로운 중세인가』(새물결)에 수록된 「극사실주의 제국으로의 여행」은 에코의 미국 방문기다. 이 글에서 그는 실물 크기의 복제물을 전시해 놓은 숱한 ‘고독의 요새들’에 주목한다. 실물보다 훨씬 더 빛나고 부식의 위험으로부터도 자유로운 복제물을 에코는 극사실주의의 표상으로 여긴다.

에코는 미국인의 극사실주의 선호심리를 광고문안에서도 포착한다. 두 개의 전형적인 광고문구는 코카콜라 광고에 자주 등장하며 일상에서도 과장법의 일환으로 널리 사용된다. 첫째 문구는 ‘진짜(the real thing)’라는 말이다. ‘최고’와 ‘최상의 것’을 뜻하나 말 그대로 ‘진품’으로 이해하면 된다. 둘째 문구는 ‘더(more)’이다. ‘뭔가 다른 것’ 또는 ‘그 이상의’라는 의미지만 일반적으로 '계속'의 뜻으로 쓰인다.

미국사람들은 '커피 한 잔 더 주세요' 하지 않고, '커피 좀 더 주세요'라고 한다. 방송진행자도 '잠시 후 계속 됩니다'라는 표현보다는 '더 많은 이야기가 남았습니다(More to come)'는 표현을 즐겨 쓴다. 이런 표현은 '보통 때보다 많이 얻을 수 있고, 원하는 것보다 많은 것을 줄 수 있으며, 그래서 맘껏 즐긴 다음 던져버려도 좋을 만큼 충분한 것을 마련해 준다'는 의식의 발로다. 에코는 풍요를 극사실주의의 원동력으로 본다.

미국의 인류학자 마빈 해리스에게 그의 조국은 망가진 거대한 기계나 다름없다. 편지 배달은 몇 주일씩 걸리고, 웨이터는 집어던지듯 음식을 나른다. 점원은 불손하기 짝이 없고, 구입하지 아니한 컴퓨터 청구서가 불쑥 날아든다. 공원의 벤치는 부서져 있고, 분수대에는 물이 없다. 우표는 잘 붙지 않고, 옷의 바느질 자리는 툭하면 뜯어진다. 마빈 해리스의 『아무것도 되는 게 없어』(황금가지)에 나열된 미국 제품과 생활에서 나타나는 '작동 불량'의 세목들이다.

보부아르의 『미국 여행기』(열림원)는 1947년 넉 달 간의 미국여행을 일기 형식에 풀어놓은 책이다. 보부아르의 세심한 관찰력과 치밀한 묘사력이 돋보인다. "미국인은 자신과 같은 인종의 사람들 사이에서는 활달한 기질, 온정, 우정의 꿈을 품고 그러한 덕목들을 실천에 옮기기까지 한다. 하지만 그것들은 할렘 가장자리에서 죽고 만다. 세상과 화합하려고 안간힘을 다해 고심하는 보통의 미국인은, 그 경계만 넘어서면 가증스런 압제

자의 얼굴, 적의 얼굴이 된다는 것을 스스로도 잘 알고 있다."

당시에도 악명이 자자했던 뉴욕의 할렘 거리를 무사히 활보한 소감을 이처럼 피력한 보부아르는 『토박이』를 쓴 작가 리처드 라이트의 안내를 받아 들른 흑인 전용 댄스클럽 '사보이'에서 진한 감명을 받는다. "뉴욕에 와서 나는 이따금 하나의 순수한 관념에 대한 명상이 해방된 영혼에 제공하는 그와 같은 충만감을 느낀 적이 있다. 바로 그것이 이번 여행의 큰 기적인데, 그것이 오늘보다 더 눈부셨던 적은 없었다."

보부아르의 발길은 미국의 서부로 이어진다. "로스앤젤레스의 입구는 길고도 뜨거운 단말마다. 할리우드와 비벌리힐스에서는 약간의 신선한 바람이 불어 우리의 기운을 돋운다. 그 꼭대기의 더위는 거의 언제나 온화하고 여름조차도 견딜 만하다. 나는 애정어린 마음으로 집을 다시 대한다." 하지만, 개인적인 생활의 즐거움에도 불구하고 보부아르는 로스앤젤레스의 분위기가 얼마나 사람을 우울하게 만드는지 금세 알아차린다. 그리고는 그녀가 미국 동부 체질임을 확인한다. "로스앤젤레스는 뉴욕의 아름다움과 시카고의 깊이를 갖기에는 한참 멀었다. 프랑스인들이 끔찍해 하며 로스앤젤레스에 대해 이야기하던 걸 이제 나는 이해한다."

미국은 제국이다

후지와라 기이치의 『민주주의 제국』(에머지)과 최병권과 이

정옥이 엮은 『아메리카』(휴머니스트)는 '제국'을 키워드로 미국에 접근한 책이다. 일본 동경대대학원 법학정치학과 교수로 있는 후지와라는 '제국(empire)'을 미국에 대한 권력집중을 파악하기 위한 개념으로 사용한다.

"냉전 후의 미국의 지위를 가리키는 말로 '초강대국'이라든가 '패권국가'라는 말이 흔히 사용되는 지금, 일부러 이 옛날 개념을 왜 끌어들이느냐. 그 이유를 한마디로 말하면 제국은 전쟁을 하고, 싸움이야말로 제국의 정의를 뒷받침한다는 군사대국 미국이 지닌 고전적 특징에 초점을 맞추기 위해서이다."

그러면서 후지와라는 미국 정부를 비난할 목적으로 제국이라는 용어를 사용하는 것은 아니라는 점을 분명히 한다. 제국이라는 말에는 정부나 정책에 대한 평가가 내재돼 있지 않고, 단지 현대 세계에서 힘의 분포와 힘의 행사를 가늠케 한다는 것이다. "전통적인 여러 국가의 대항과는 다른 권력집중을 파악하는 말로서 지금까지 국제정치 속에서 사용된 용어가 무엇인가 하면 역시 '제국'이다."

결국, 초강대국이라는 용어만으로는 미국의 존재가 어떻게 국제정치의 틀을 바꾸는지에 대한 의문을 제대로 풀 수 없다는 것이다. 후지와라는 제국의 네 가지 요소－군사대국, 다민족 지배, 식민지 제국, 제국주의 세력－에 초점을 맞춰 제국으로서의 미국의 속성을 드러내기도 한다.

'미국, 그 마지막 제국'이라는 부제가 붙은 『아메리카』는 회원제 시사잡지 'Weekly SOL'의 연재기획 시리즈 '아메리카,

아메리카'를 바탕으로 만들어진 책이다. 국내에서 발간되는 잡지이면서도 전세계 지식인과 언론인의 참여가 두드러졌는데, 영국의 언론인 조나단 프리드랜드는 「로마제국, 아메리카 제국」에서 로마와 미국을 비교한다. 두 제국 사이에는 비슷한 점이 많다.

"가장 뚜렷이 닮은 것이 압도적인 군사력이다. 로마는 당시에 가장 잘 훈련받고 가장 예산을 많이 쓰며, 최신 무기로 무장한 병사와 군단을 가진 초강력 국가였다. 어느 누구도 로마 옆자리에 앉을 수조차 없었다. 그런데 지금의 미국이 그렇다. 미국의 군사예산은 미국 다음으로 군사예산이 많은 9개국 예산을 모두 합한 것보다 더 많으며, 지구 어느 곳에든 번갯불과 같이 빠른 속도로 미군을 배치할 수 있다. 게다가 미국의 테크놀로지는 따를 자가 없다."

물론 로마와 미국 사이에는 다른 점도 없지 않다. 식민지의 유무가 가장 눈에 띄는 차이라면 차이다. 로마가 식민지 개척과 경영에 열심이었던 데 비해 미국은 푸에르토리코와 괌을 제외하면 식민지가 없다. 그러나, 프리드랜드는 그것은 겉으로만 드러난 현상일 뿐이라고 일축한다. 미국 역시 실제로는 수없이 많은 나라를 정복하고 지배해 왔다는 것이다.

안토니오 네그리와 마이클 하트가 공동집필한 『제국』(새물결)은 미국의 제국적 속성을 가늠케 하는 좋은 참고서다. 다음은 『아메리카』에 실려 있는 김상준 교수(경희대 NGO 대학원)의 「제국 전개, 야심」에 언급되고 있는 『제국』의 맛뵈기다.

"2000년『제국』이라는 책을 펴낸 네그리와 하트의 논리에 따르면, 부시와 미국 내 매파의 행보는 '제국'이 아닌 '제국주의'의 그것에 불과하다. 네그리와 하트는 '제국'에는 외부가 없는 반면, '제국주의'는 항상 외부를 만들고 외부를 배타하고 외부를 침략한다고 주장한다."

이라크에서 미국이 주도한 전쟁이 한창일 때, 번역 출간된 엠마뉘엘 토드의『제국의 몰락』은 미제국의 허상을 해부한 책이다. 이 책의 소개는 중앙일보(2003년 4월 12일자)에 실린 세종연구소 이성형 초빙연구위원의 서평으로 대신한다.

"토드의 책은 제국의 운명보고서에 관한 한 압권이다. 제국의 사악함만 외치는 촘스키 저서들의 진부함, 제국의 종말과 '미국 문화의 몰락'을 선언한 모리스 버만의 인상주의 비평, 현학적인 언어로 '제국' 시대를 분석한 안토니오 네그리의 모호함에 지친 독자라면 반드시 큰 기쁨을 얻을 것이다."

제2부 미국을 읽는다

키워드로 읽는 미국

아메리카 여기서는 제목에 '아메리카'가 들어간 20세기의 고전을 살펴보기로 한다. 디어도어 드라이저의 『아메리카의 비극』은 실화를 바탕으로 한 장편소설이다. 소설의 모티브가 된 '1906년 체스터 질레트 그레이스 브라운 사건'의 개요는 이렇다. 질레트는 빈민굴에서 전도관을 경영하는 광신도 부모 밑에서 성장해 오하이오 대학을 다니다 자퇴한다. 방랑생활을 하다가 친척의 소개로 뉴욕 주 코트랜드의 셔츠 공장에 취직한다. 동료 여공 브라운을 사귀어 임신까지 시키지만 그녀가 결혼을 요구하자 질레트는 난감해한다. 때마침, 발을 들여 놓게 된 상류사회로의 진출이 무산될지도 모른다는 위기감이 질레트가 브라운과의 결혼을 꺼린 이유다. 궁리 끝에 질레트는 브라운을 빅 뮤즈 호수로 유인해 보트 위에서 테니스 라켓으로 때려 익사시킨다. 결국, 질레트는 체포되어 1908년 사형에 처해진다.

드라이저는 실제 사건을 뼈대로 미국자본주의가 빚어낼 수 있는 전형적인 비극을 형상화했다. 소설의 주인공 클라이드의 비극적 운명은 미국 사회의 비극적 운명을 상징한다. 무능한 사람이 사회가 권하는 가치관에 따라 욕구를 충족시키려면 범죄의 늪에 빠져들 수밖에 없기 때문이다. 이 드라이저의 대표작은 두 차례 영화로 만들어졌다. 두 번째 것은 「젊은이의 양지」라는 제목으로 우리에게도 낯익다. 남자주연배우 몽고메리 클리프트의 명연기가 돋보이는 이 영화는 신분상승욕망과 삼각관계가 뒤얽힌 멜로 드라마의 전형으로 국내 드라마에도 적잖은 영향을 끼쳤다.

노먼 메일러의 『아메리카의 꿈』은 제목이 무색할 정도로 비극적이다. 더구나 엽기적인 내용으로 인해 출간 직후 미국 사회에 찬반 논란이 거세게 몰아쳤다. '실종자'로 불리기도 하는 프란츠 카프카의 『아메리카』는 미국에 가 본 적이 없는 카프카가 오로지 문헌과 전언에 의존해 쓴 소설이다.

뉴욕 뉴욕은 미국의 수도가 아니지만 단연코 미국을 대표하는 도시다. 미국의 수도라는 지위는 워싱턴에 내줬지만 뉴욕은 더 큰 명예를 지닌 도시다. 뉴욕은 세계 자본주의의 수도이다. 삽화가 장 자끄 상뻬는 『뉴욕스케치』(열린책들)에서 특유의 터치로 뉴요커의 일상을 묘사한다. 『뉴욕스케치』에 그려진 뉴욕은 활동적이고 긍정적이며, 서로를 격려하고 연락을 계속하자고 다짐하는 사람들이 모여 사는 곳이다. 상뻬의 뉴욕은 우스꽝스럽기조차 하다.

반면, 소설가 최인석의 뉴욕은 전혀 그렇지 않다. 소설집 『나를 사랑한 폐인』(문학동네)에 수록된 중편소설 「약속의 숲」에서 국회의원선거 출마를 앞둔 운동권 출신 주인공이 가정을 복구할 목적으로 이혼한 아내를 찾기 위해 당도한 뉴욕은 삭막하기 짝이 없다. 이역에서 만난 주인공의 친구는 술기운이 돌자 고등학생 아들 녀석이 마약에 손을 댄다고 하소연을 한다. 그렇다고 주인공의 처지가 그 친구보다 나은 건 아니다. 주인공의 딸은 흑인의 피가 섞인 손자를 안고 그의 앞에 나타난다.

리영희 교수는 1976년 뉴욕의 정전이 야기한 가공할 사태를 여러 번 언급했는데 『스핑크스의 코』(까치)에서도 그 내용을 볼 수 있다.

"뉴욕 시에서 12시간의 정전이 있었다. 세계에서 제일 부자 나라의 대도시에서 전깃불이 꺼진 가운데 인간들이 행동한 모습을 미국의 신문들은 한마디로 '연옥'이라고 표현했다. 남이 자기 얼굴을 확인할 수 없다는 생각이 든 순간, 모든 인간이 밖으로 뛰어나와 혼란, 무질서, 약탈, 파괴, 방화, 강간, 난동, 살인을 일삼았다. '1천만 미국인이 1천만 가지의 행동을 했다'고 한다. 유명한 사건이다. 세계는 그 모습에 전율했다."

리 교수는 이 사건을 당산 대지진 때의 중국사람들의 아주

이타적인 행동과 비교하곤 했다. 허나, 중국이 점점 미국을 닮아가고 있는 요즘 상황에서는 그런 비교가 설득력이 많이 떨어진다. 소설가 폴 오스터의 '뉴욕 3부작'과 우디 앨런의 뉴욕을 소재로 한 영화들은 뉴요커의 일상이 배경을 이룬다.

월스트리트　1792년 버튼우드 협정을 통해 뉴욕증권거래소가 비공식적으로 개장한 이래, 증권거래소가 위치한 뉴욕의 월스트리트는 미국자본시장의 메카로 군림해 왔다. 또한, 20세기에 접어들어 월스트리트는 세계 자본의 중심지가 되었다. 찰스 R. 가이스트의 『월스트리트 100년』(좋은책만들기)은 20세기 월스트리트 100년간의 역사를 사진과 함께 되짚어 본 책이다. 이 책은 10년 단위로 월스트리트에서 일어난 가장 중요한 사건들에 초점을 맞췄다. 1903년 증권거래소는 현재의 위치인 브로드스트리트에 자리를 잡았고, 이 세계경제의 중심지는 1929년 대공황의 아픔을 겪었으며, 제2차세계대전 이후에는 전후의 경제번영에 따른 기쁨을 누렸다.

　20세기 후반에 이르러 미국은 주주(株主)의 나라가 될 기반을 마련한다. "1952년에는 하루 평균거래량이 130만 주였고, 인구의 4%인 650만 명이 주식에 투자했다. 그해 말 뉴욕증권거래소의 시가 총액은 1억 2천만 달러에 달했고, 다우존스 산업평균은 291.90으로 마감되었다." 1950년대 말에는 주식에 직접 투자하는 사람이 두 배로 늘더니만, 1965년 2천만 명, 1970년 3천만 명, 1985년 4천만 명, 1990년 5천만 명을 돌파

했다. 1999년 무렵 직접투자자는 8천만 명을 넘어섰고, 간접투자자는 수천만 명을 상회했다. 이제 전체 인구의 30% 이상이, 성인은 40%가 넘게 주식투자를 하고 있다.

즐겁게 시간 보내기를 전통으로 여기는 월스트리트에서는 세계의 유명인사와 영웅을 환영하는 티커 테이프(ticker tape) 행진을 자주 벌인다. 1929년에는 독일에서 뉴욕까지 기구 비행에 성공한 제플린 호의 승무원들을 축하하는 행진이 있었고, 1950년대 초반에는 맥아더 장군을 환영하는 티커 테이프 퍼레이드가 있었다. 1990년대에는 넬슨 만델라가 행진의 주인공이 되었다. 미국금융자본권력에 관한 좀더 상세한 역사는 존 스틸 고든의 『월스트리트 제국』(참솔)에서 읽을 수 있다.

퍼스트레이디 대통령제를 채택하고 있는 모든 나라의 영부인을 퍼스트레이디라 부를 수 있지만, 이 비공식용어의 이미지가 딱 들어맞는 여인은 미국 대통령의 아내들이다. 그녀들은 퍼스트레이디 중의 퍼스트레이디이다. 케이티 마튼의 『숨은 권력자, 퍼스트레이디』(이마고)는 이디스 월슨에서 로라 부시에 이르는 미국 현대사를 움직인 12명의 퍼스트레이디를 역사의 전면에 내세운 책이다.

정확하게는 현대 세계사를 좌지우지한 12쌍의 미국 대통령 부부를 다뤘다. 그러나, 이 책이 20세기 미국 대통령 부부들을 모두 다루고 있진 않다. 현재적 의미가 별로 없는 대통령 부부는 제외됐는데, 아이젠하워 부부는 이 책이 언급하지 않은 가장 최근에 재임한 대통령 커플이다. 아이젠하워 부부가 누락된 것은 그들이 하딩과 쿨리지 그리고 후버 부부처럼 대통령 부부로서 별다른 역사적 족적을 남기지 않았기 때문이다. 케이티 마튼은 아이젠하워 대통령 재임시 메이미 아이젠하워의 역할은 군인의 아내로서 보낸 오랜 세월을 단순히 연장한 것일 뿐이었다고 지적한다.

케이티 마튼은 이 책에서 다룬 12명의 퍼스트레이디에게 대체로 후한 점수를 준다. 두 명을 제외하고는 남편의 대통령 재임기간에 긍정적이고 중요한 역할을 했다는 것이다. 우드로 윌슨의 두 번째 아내인 이디스 윌슨에게는 최악의 퍼스트레이디라는 불명예를 선사한다. 이디스 윌슨은 아픈 남편을 대신해 국정을 수행하다 국가를 위기로 몰아넣은 여인이기 때문이다. 지은이가 '역사의 해석에 관한 책'이라 규정하는 『숨은 권력, 퍼스트레이디』는 미국 대통령의 여자에 관한 책이기도 하다. 보니 앤젤로의 『대통령을 키운 어머니들』(나무와숲)은 미국 대통령의 또 다른 여인에 대한 책이다. 이 책에 등장하는 대통령의 어머니들에게는 눈에 띄는 공통점이 있는데, 교육 수준과 상관없이 자녀에게 지적인 욕구를 고무시킨 '맹모(孟母)'들이었다는 점이다. 그들은 하나같이 책읽기를 좋아했다.

NASA 토머스 D. 존슨과 마이클 벤슨의 『NASA, 우주개발의 비밀』(아라크네)에 따르면, 미국항공우주국(National Aeronautics and Space Administration)은 1958년 10월 1일 출범했다. NASA는

우주탐사를 위해 만들어진 민간기관이지만, 탄생 배경에는 미·소 냉전의 그림자가 드리워져 있다. 구 소련에서 스푸트니크 인공위성을 쏘아올리자, 이에 자극받은 미국 국민과 정부가 항공공학과 우주개발을 전담하는 연구기관을 창설했던 것이다.

지식을 쌓아 미래를 연구하고, 상상 속에서나 가능한 기술을 개발해 인류 번영에 이바지하는 것을 목적으로 하는 NASA의 구체적 목표는 크게 네 가지다. 첫째가 항공기술을 혁신해 환경친화적이고 안전한 비행술을 발전시키는 것이다. 둘째는 적절한 비용으로 안전한 우주여행을 가능케 하는 것이다. 셋째가 항공우주시스템의 혁신이고, 넷째는 과학기술의 대중화이다.

이런 목표를 이루기 위해 NASA는 다양한 프로그램을 실시하고 있다. 하지만, 최근에는 충분한 예산 확보가 어려워 곤란을 겪고 있다. 2002 회계연도의 NASA 예산은 대략 146억 달러인데, 이는 연방지출액의 0.7%를 차지한다. 1960년대 아폴로 우주계획이 진행될 때에는 연방예산의 4%를 할당받았다. 클린턴 행정부 시절, 미국중앙정보부(CIA)의 예산이 170억 달러를 웃돈 것을 감안하면, NASA의 상대적으로 미약한 위상을 짐작할 수 있다.

맥도날드 미국의 상징으로서 맥도날드는 부러움과 질시를 동시에 받는다. 모스크바에 맥도날드가 처음 생겼을 때 러시아의 한 언론인은 맥도날드를 가리켜 "미국적인 것의 궁극적 표상"으로 묘사했고, 어떤 노동자는 "'천국의 기쁨'을 맛보는 샤

르트르 대성당 같은 곳"이라고 추켜세웠다. 그런가 하면, 맥도날드는 종종 반미시위와 반세계화시위의 표적이 되곤 한다. 프랑스의 성난 농부는 기계차로 맥도날드 매장을 부쉈고, 한국의 반전평화시위대는 미국의 이라크 침공에 대한 항의 표시로 맥도날드를 상징하는 황금색 아치 위에서 퍼포먼스를 벌였다.

『맥도날드 그리고 맥도날드화』(시유시)에서 미국의 사회학자 조지 리처는 '맥도날드화(McDonaldization)'를 일종의 패러다임으로 간주하면서 "패스트푸드점의 원리가 미국 사회와 그 밖의 세계의 더욱더 많은 부문들을 지배하는 과정"이라고 정의한다. 또, 맥도날드화의 성공을 이끈 네 가지 매혹적인 요소를 제시한다. "맥도날드는 고객과 종업원, 지배인 모두에게 효율성, 계산 가능성, 예측 가능성 그리고 통제를 제공하기 때문에 성공을 거두어온 것이다." 이 책이 맥도날드의 경영적 수완에 주목한 긍정론이라면, 에릭 슐로서의 『패스트푸드의 제국』(에코리브르)은 맥도날드가 함축하고 있는 미국적 방식에 대한 비판적 인식을 제공한다.

코카콜라 프레드릭 앨런의 『코카콜라의 신화』(열린세상)는 코카콜라가 단순한 청량음료가 아니라는 사실을 여실히 증명한 책이다. 제2차세계대전에 참전한 미군장병이 고국으로부터 받기를 간절히 원한 물품이 있었으니, 그것은 편지, 담배, 껌 그리고 코카콜라였다. 미군의 향수병을 달래준 네 가지 물품 가운데 코카콜라는 유일한 특정 회사 상품이었다.

남다른 청량음료인 코카콜라의 역사는 꽤 길다. 코카콜라는 두 사람의 손을 거쳐 세상에 나왔다. 애틀란타의 약제사 존 스티스 핌버튼은 1886년 봄, 40갤런들이 놋쇠 솥에 들어 있는 내용물들을 나무주걱으로 저어, 진한 빛깔의 설탕시럽을 끓였다. 그 시럽에 탄산수를 섞은 것이 인류 역사상 가장 성공한 청량음료인 코카콜라의 시조였던 것이다. 하지만, 이것은 미완의 코카콜라였다. 그 음료에다 코카콜라라는 이름을 붙여준 사람은 따로 있으니, 퇴역군인 프랭크 메이슨 로빈슨이 그 주인공이다.

핌버튼의 동업자인 로빈슨은 시럽에 함유된 두 개의 성분에 착안해 새 음료의 이름을 지었다. 새 음료의 성분을 이루는 코카 나뭇잎(Coca leaf)과 콜라 나무열매(Kola nut)의 단어를 합쳐 신조어를 만든 것이다. 앞글자를 일치시키기 위해 콜라의 K를 C로 바꾸고, 두 단어를 하이픈으로 연결했다. 그리고는 스펜서 서체의 필기체로 로고를 만들었다.

1985년 코카콜라 경영진은 99년 만에 코카콜라의 제조법을 바꾸려다 소비자의 강한 저항에 부딪히기도 한다. 코크의 고정 소비자 가운데 5% 정도만이 새 코크에 강한 거부감을 느끼리라 예상한 경영진은 기존의 7개 광역 서비스 전화선에 10개의 회선을 추가했다. 그러나 새 코크와 관련한 통화량은 기하급수적으로 늘었다. 대부분이 격렬한 항의전화였고, 회사는 83개 전화선에 158명의 교환수를 투입했고, 40만 통의 전화에 응답해야 했다. "미국 국민들은 변화가 아무리 개선을 의

미하는 것이라고 해도 코크가 변한다는 것을 받아들이려 하지 않았다." 결국, 경영진은 새로운 제조법을 발표한 지 11주 만에 자신들의 계획을 철회했다.

CNN 미국의 이라크 침공 뉴스가 연일 톱뉴스를 장식하는 와중에 일어난 마이크로소프트 회장 빌 게이츠 사망 오보 소동은 CNN의 위력을 단적으로 보여 주는 해프닝이었다. 물론, 여기에는 미국 발 뉴스를 액면 그대로 받아들이는 우리 나라 언론의 무사안일한 태도가 한몫한 것은 사실이지만, 오보의 진원지가 CNN을 사칭한 인터넷 사이트라는 점에서 원조 24시간 케이블 뉴스 네트워크의 위력을 실감케 한다.

사실, 우리 나라 방송사의 외신 담당자나 보도국 책임자에게 초창기 CNN 뉴스 진행자와 같은 뚝심이 있었다면, 빌 게이츠 사망설 오보 사태는 일어나지 않았을 것이다. CNN의 탄생과 방송 초기의 비화를 담은 행크 휘트모어의 『뉴스 속의 뉴스 CNN』(홍부네박)에는 사실확인보도의 원칙을 지켜 오보를 막은 사례가 등장한다. 헝클리의 레이건 대통령 저격사건은 개국 1년이 안 된 CNN으로서는 최초로 직면한 빅 뉴스였다. 뉴스 진행자 버나드 쇼는 레이건의 홍보담당보좌관 제임스 브래디가 죽었다는 미확인 보도를 주변의 성화에도 불구하고 방송하지 않겠다고 고집을 부렸고, 자신의 주장을 관철시켰다. 결국, 브래디가 살아 있다는 공식발표가 나오자 쇼는 동료들로부터 찬사를 받았다.

아미쉬 미국판 청학동 사람들이랄 수 있는 아미쉬(Amish)는 미국 주류사회에서 멀찍이 떨어져 있는 소수파다. 브래드 이고우가 엮은 『아미쉬 공동체』(들녘)에는 그런 점이 잘 나타나 있다. 아미쉬들이 간행하는 잡지에서 가려 뽑은 글을 편집한 이 책은 아미쉬가 말하는 아미쉬의 세계라고 하겠다. 이 책에 나타난 아미쉬의 일상은 미국이 지구상에서 가장 많은 자원을 소비하는 나라라는 사실과는 거리가 멀어도 한참 멀다. 아미쉬는 자동차와 컴퓨터 그리고 텔레비전을 비롯한 가전제품 일체를 포함해 모든 문명의 이기를 거부한다.

아미쉬들이 언제부터 유럽에서 미국으로 이주하기 시작했는지 알려 주는 정확한 기록은 없다. 기록에 남아 있는 대규모 아미쉬 이민이 있었던 1737년 이전에도 펜실베이니아에는 아미쉬 이주민들이 정착해 있었다. 기록상 최초의 대규모 아미쉬 이민자는 1737년 8월 8일, 차밍 낸시 호를 타고 필라델피아에 도착했다. 당시, 차밍 낸시 호에는 21명 정도의 아미쉬 이주민이 타고 있었다. 아미쉬 개척자들은 1775년 독립전쟁이 발발하기 전까지 몇 해에 걸쳐 꾸준히 미국에 도착했다. 하지만 1700년대 마지막 25년에는 미국으로의 아미쉬의 발길이 뚝 끊겼다. 19세기에는 아미쉬의 미국 이주가 재개되어 더 많은 아미쉬들이 미국을 찾았다. 역사학자들은 18세기 아미쉬 이주민의 전체 숫자를 500명 남짓으로 추정한다. 19세기의 아미쉬 이민자는 3천 명 선으로 파악된다. 오늘날 아미쉬의 대다수는 18세기의 처음 75년간 이루어진 첫 번째 이주 물결의 후손들이다.

스코트 새비지가 엮은 『플러그를 뽑은 사람들』(나무심는사람)을 통해서도 아미쉬의 생각을 읽을 수 있다. 이 책은 아미쉬와 퀘이커교의 종교이념과 러다이트 운동에 공감하는 사람들을 위한 잡지 '플레인'에 실렸던 글을 모은 책이다. 이 책의 엮은이는 아미쉬의 인간관은 근본적으로 성악설에 입각해 있다고 말한다. 아미쉬가 현대 미국 사회의 부정적 측면에 강력하게 맞설 수 있는 것도 인간의 본성을 악하게 보기 때문이라고 덧붙인다. "자신들의 불완전함을 인정하기 때문에 서로 겸손하게 연대할 수 있는 것이다." 아미쉬 공동체는 이따금 소설이나 영화의 배경이 되기도 하는데 제임스 미치너의 장편 『소설』(열린책들)에서는 작중 화자가 사는 곳의 인근에 아미쉬 마을이 있고, 해리슨 포드가 주연한 영화 '위트니스'는 아미쉬 공동체를 무대로 한다.

할리우드 제작편수 면에서 전세계 영화의 극히 일부를 차지할 뿐인 할리우드 영화가 전세계 스크린 타임의 절반 이상을 장악하고 있는 까닭은 무얼까? 할리우드의 영화산업과 이데올로기를 파헤친 이용관·김지석의 『할리우드』(제3문학사)는 할리우드의 뛰어난 경쟁력을 강력한 영화산업체제에 힘입은 것으로 본다. 일관공정체계, 은행자본의 참여와 간섭, 수직적 통합과 수평적 통합, 스튜디오 시스템과 스타 시스템에 의해 뒷받침된 할리우드 영화산업은 어느 나라보다 체계적이고 거

대한 규모를 자랑한다는 것이다.

『할리우드』의 공저자들은 할리우드 영화의 주요한 기능 가운데 하나가 '합의의 이데올로기(ideology of consensus)'를 조장하는 것이라고 지적한다. 합의의 이데올로기를 유포하는 영화는 지배 이데올로기가 바탕에 깔린 영화에 국한되지만, 그것이 관객에게 미치는 영향은 지대하다는 것이다. 더구나, 영화에서 지배 이데올로기는 모습을 직접 드러내는 법이 없이, 환상주의의 외형 아래 그 의도를 감추고 있다.

"예를 들어 할리우드 영화 속의 멋진 배우나 차를 본 관객은 곧 그 배우가 연기하는 주인공이나 차에 매료되고 그들과 함께 하거나 소유하고 싶다는 욕망이 생겨나게 된다. 이러한 욕구는 대개 생산적이기보다는 소비적인 경우가 많으며, 자신이 속한 사회가 그러한 욕구를 충족시켜 주지 못한다는 사실을 인식하게 되면 곧 미국을 동경하게 되고, 나아가서는 미국의 지배 이데올로기를 긍정하게 되는 것이다."

'르몽드 디플로마티크' 편집주간인 이그나시오 라모네의 말마따나 할리우드 영화는 우리 정신의 미국화를 재촉하는 『소리 없는 프로파간다』(상형문자)의 첨병이다. 비터 비스킨드의 『헐리웃 문화혁명』(시각과언어)에서는 할리우드에 대한 또 다른 시각을 접할 수 있다.

스타벅스 스타벅스는 미국에서 발원해 전세계로 퍼진 프랜차이즈 브랜드 가운데 비교적 최근의 것이다. 또, 스타벅스는 다른 프랜차이즈 사업과 달리 직영점만을 운영한다. 『스타벅스, 커피 한 잔에 담긴 성공신화』(김영사)에 따르면, 스타벅스가 이뤄낸 커피의 재발견은 미국 사회에 새로운 기풍이 진작됐었기에 가능했다.

"1970년대 초 일부 미국사람들, 특히 서부 연안지역 사람들은 싱싱하지 않고 맛이 없는 가공식품에 염증을 내기 시작했다. 대신 그들은 신선한 야채와 생선으로 요리를 하고 갓 구운 빵을 사며 커피 원두를 손수 갈고 추출해서 마셨다. 그들은 가공된 것 대신에 자연적인 것 그리고 보통의 것 대신에 고급 품질의 것을 선호했는데, 그 모든 것은 스타벅스의 창업자들과 통하는 정서였다."

인물로 읽는 미국

벤저민 프랭클린 프랭클린은 미국독립의 영웅들 중에서 우리에게 꽤나 친숙한 이름이다. 대통령을 역임하지 못한 프랭클린의 이름을 우리가 기억하는 것은 잘 씌어진 자서전으로 손꼽히는 『프랭클린 자서전』 덕분이다. 자서전에서 그는 "자기의 생애를 되풀이해서 사는 가장 좋은 방법은 그것을 회상해 보는 일이고, 그것을 기록하여 오래도록 남겨 두는 일"이라고 했는데, 살아온 생애를 반추해 그것을 기록으로 남긴 자서전 덕택에 프랭클린의 명성은 수백 년이 흘러도 식을 줄 모른다.

프랭클린은 정치가로서뿐만 아니라 피뢰침을 발명한 과학자로도 유명하다. 프랭클린의 과학자적 면모는 그의 이름값을 드높이는 데 기여한 것이 사실이다. 프랭클린은 미국실용주의를 상징하는 인물로 통하기도 한다. 『프랭클린 자서전』은 프랭클린이 그의 아들 윌리엄에게 보내는 편지 형식을 취한다. 그런데 역설적이게도 미국독립전쟁 당시, 윌리엄 프랭클린은 영국 편에 섰다. 독립을 쟁취해 번영의 기틀을 마련한 미국독립 영웅들의 면모를 살필 수 있는 책으로는 도널드 T. 필립스의 『미국을 세운 영웅들』(시아출판사)이 있다. 이 책은 리더십의 관점에서 프랭클린을 비롯해 조지 워싱턴, 토마스 제퍼슨, 토마스 페인의 생애와 사상을 조명했다.

링컨 역사학자 데이비드 허버트 도날드의 전기 『링컨』(살림)은 배제의 원리를 따른다. 이 책은 19세기 중반의 미국 역사를 직접적으로 언급하지 않는다. 남북전쟁시 남부 연맹의 활동상황이나 링컨이 겪지 못한 전투는 취급하지 않는다. 오로지 링컨에게만 초점을 맞춘다. 또한, 가치평가는 일절 배제하고 설명에만 주력한다. 그래서일까. 링컨의 어린시절을 다룬 대목에서 빌린 책이 물에 젖어 애를 태운 링컨에 관한 유명한 일화는 등장하지 않는다. 대신, 링컨의 유년기 독서목록을 실증적으로 전한다.

소년 링컨의 책읽기에 관한 주변의 증언은 약간 차이가 난다. 링컨의 집에 더부살이했던 데니스 행크스는 "그때 에이브는 책에 굶주린 듯이, 구할 수 있는 책들은 모조리 읽어 제쳤다"고 말했다. 링컨의 새엄마는 "후일 사람들이 말한 것만큼 자주 읽지는 않았고, 대신 그 나이 또래에 맞는 책들을 읽었다"고 했다. 자신의 가계와 성장과정이 별 볼일 없다고 생각한 링컨은 어린시절을 '짧고도 단순한 빈자의 연보'에 비유했다. 하지만, 도날드는 그것은 사실이 아니라고 바로잡는다.

"요약해서 말하자면 에이브러햄 링컨은 무지한 가계에서 태어난 돌연변이가 아니라, 미국에서 7대를 거슬러 올라가는 풍족하고 가풍이 바르고 공사에도 얼마간 참여한 것으로 기록되어 있는 가계에서 태어났다." 링컨이 어린시절 궁핍함을 면치 못한 것은 장자상속제의 탓이 크다. 부유한 농부였던 링컨의 할아버지가 인디언의 습격을 받고 세상을 떠나자 할아버지의 재산은 모두 링컨의 큰아버지 차지가 되었다.

프레더릭 더글러스 『노예의 노래』(모티브)는 흑인노예해방운동가 프레더릭 더글러스의 자서전이다. 흑인노예인 어머니와 백인노예주 아버지 사이에서 태어난 더글러스는 링컨과 동시대의 인물이다. 그는 링컨의 대통령선거유세를 돕기도 했는데 더글러스는 링컨을 "이전의 어떤 대통령보다 조국과 인류에 공헌할 사람"이라고 평가했다. 더글러스의 주변에는 여성이 많았다. 그 중에는 백인여성도 적지 않았는데 더글러스는 백인여성과의 교류를 인종차별에 대한 정면도전의 일환으로 여겼다. 더글러스는 44년 동안 동거동락한 아내와 사별한지 1년 6개월 만에 백인여비서와 재혼한다. 더글러스의 재혼은 많은 흑인과 백인에게 충격을 주었지만, 정작 더글러스 자신은 태연했다. 미국에서 늘상 있어온 백인과 흑인의 성적인 관계를 결혼을 통해 합법화시켰을 뿐이라고 주장했다. 더글러스는 벤저민 해리슨의 대통령당선에 기여한 공로로 아이티 주재 미국대사에 임명되기도 했다.

시팅불 로버트 M. 어틀리의 『시팅불』(두레)은 전설적인 인디언 추장의 일대기를 그린 책이다. '앉은황소'는 아메리카 인디언들이 수천 년을 이어온 전통적 삶의 방식을 송두리째 빼앗긴 19세기, 백인에게 분연히 맞선 최후의 인디언이다. 그의 생애를 담은 『시팅불』에 묘사된 인디언이 몰락하는 과정과 양상은 꽤나 시사적이다. 강대국에 의한 약소국의 침탈과 수탈을 연상케 하거니와, 동족에게 살해당하는 '앉은황소'의 최후는 우리를 슬프게 한다.

또한 『시팅불』은 서부영화에 세뇌된 할리우드 키드에게 시각교정을 요구한다. 인디언들이 추풍낙엽처럼 쓰러지는 존 웨인이 주연한 서부극에서 기병대의 나팔소리가 울리길 학수고대하던 할리우드 키드가 기병대 나팔소리를 그렇게 바랐던 것은 인디언에게 괴롭힘을 당하는 백인 이주자의 무리에 포함된 여자와 어린이가 가여워서였을 것이다. 하지만 『시팅불』은 인디언 여자와 어린이들이 더 많이 학살당했다는 점을 일깨운다.

1993년 미국에서 출간된 이 책은 객관적인 서술로 높은 평가를 받았다. 하지만 이 책 역시 영화 「늑대와 춤을」처럼 한계가 역력하다. "인디언의 시각을 포기하고 백인의 관점으로"

만 바라보고 있지는 않으나, 지은이는 자신이 백인임을 망각하지 않는다. 인디언 수난사인 이 책이 잘 씌어진 서부개척사로 읽히는 것도 바로 그런 이유에서다.

한편, 이 책은 미국이 국익을 수호하기 위해 적대세력을 어떻게 다뤘는지 잘 보여 준다. 진보와 문명의 의미를 되묻게도 한다.

올리버 스톤 제임스 리어단의 『올리버 스톤』(컬처라인)은 할리우드의 이단아로 통하는 올리버 스톤 감독의 삶과 작품 세계를 다룬 전기이다. 프랑스 여성과 유대인 증권브로커 사이에서 태어난 스톤의 어린시절부터 부모 이혼 뒤의 방황, 베트남전 참전, 영화학교 생활 그리고 무명 시나리오작가를 거쳐 영화감독으로 성공하기까지의 과정을 밀도 있게 그렸다. 다만, 이 책에 아쉬운 점이 있다면, 스톤이 멕시코 치아파스주의 밀림으로 들어가 사파티스타 반군 지도자인 마르코스를 만나는 장면이 빠져 있다는 점이다. 이 책이 1995년 작이라 그렇게 됐다. 2000년 국내 개봉된 '애니 기븐 선데이'에 대한 언급이 없는 점도 같은 이유에서다.

촘스키 현대 언어학의 태두로 통하는 촘스키는 미국의 양심이기도 하다. 촘스키는 2001년 11월 11일 인도의 마드라스에서 열린 한 세미나에서 미국의 아프가니스탄 공격이 9.11 테러보다 더 심각한 범죄행위라며 '미국이야말로 테러 국가'라고

일갈했다. 이것은 인기를 얻기 위한 발언이나 돌출적 행동이
아닌 촘스키의 지론이다. 미국에 대한 촘스키의 평소 생각은
『불량국가』(두레)를 포함한 정치비평서에 잘 나타나 있다. 촘
스키는 '불량국가(rogue state)'에 두 가지 의미가 내포돼 있다고
설명한다. "하나는 선별된 적국들에 대해 적용하는 프로파간다
로서의 용법이고, 다른 하나는 스스로를 국제질서에 구속되지
않는 것으로 간주하는 국가들에 적용되는 문자 그대로의 용법
이다." 내부 규제가 없는 강대국인 미국은 두 번째 범주의 불
량국가에 속한다. 미국의 독립언론인 데이비드 바사미언과의
대담집 『프로파간다와 여론』(아침이슬)에서 촘스키는, 지미 카
터 전 미국 대통령의 재임시절 발언을 문제삼기도 한다.

　"지미 카터는 기자회견에서 도저히 국가수반으로서는 할
수 없는 이야기를 하면서 '서로 파괴행위를 했기' 때문에 베
트남에 빚이 없다고 했습니다. 언론은 카터의 발언에 대해 한
마디도 하지 않았습니다. 또한 카터는 그런 발언을 하고도 위
대한 도덕적 영웅이라는 이미지를 전혀 잃지 않았습니다."

　마더 존스　마더 존스의 본명은 매어리 해리스다. 매어리
해리스는 결혼과 함께 매어리 존스가 되었다가 노동운동에 투
신해 노동자의 어머니를 뜻하는 마더 존스가 되었다. 전기 『마
더 존스』(녹두)에서 엘리엇 고온은 마더 존스의 생애가 거의
잊혀졌다며 말문을 연다. 한 할머니의 흑백사진 한 장과 마더
존스가 남긴 "죽은 자를 위해 기도하고, 산 자를 위해 목숨을

걸고 싸워라"라는 금언 정도가 그녀의 흔적을 말해줄 뿐이라
는 것이다.

하지만, 마더 존스는 20세기 초반 미국에서 가장 유명한 여
성 가운데 한 사람이었다. 열정적인 연설로 대중의 마음을 사
로잡고, 가두투쟁을 적극적으로 이끈 그녀는 뉴스의 초점이
되었다. 마더 존스는 4반세기에 걸쳐 아동노동의 폐해, 노동자
의 빈곤, 미국의 자유파괴 등의 실상을 폭로했다. 그녀를 추앙
하는 사람들은 그녀에게 '노동자의 어머니' '노동자들의 잔 다
르크' '광부들의 천사' 등의 호칭을 부여한 반면, 마더 존스의
반대자들은 그녀를 불온한 과격분자로 지목했고 '미국에서 가
장 위험한 여성'으로 간주했다.

매어리 존스를 가리켜 '마더'라는 표현을 쓰기 시작한 것은
19세기가 저물 무렵이었다. 1897년 6월 15일 시카고에서 열
린 미국철도노동조합총회를 취재한 「시카고 이브닝 저널」은
'협동공동체'에 대한 연설을 끝낸 유진 뎁스가 "연설을 마치
자 앞자리에 앉아 있던 백발의 '마더' 존스가 자기 주에서 그
실험을 해보라고 그 조직을 초청해 준 워싱턴 주지사를 위해
축하의 건배를 제의했다"고 썼다. 처음으로 매어리 존스에게
'마더'의 칭호를 선사한 것은 뎁스의 철도노조원들이었다는
설도 있다.

마더 존스가 미국노동운동의 대모였다면, 유진 뎁스는 미국
노동운동의 대부였다. 소설 형식을 취한 『유진 뎁스』(자작나
무)는 뎁스의 파란만장한 생애를 담고 있다. 뎁스의 일생을 치

밀하게 묘사한 이 소설은 세계 최초의 단일 산업노조였던 미국철도노동조합의 탄생사로 읽히기도 한다. 리처드 O. 보이어와 허버트 M. 모레이스의 『미국노동운동 비사』(인간사)는 미국노동운동의 감춰진 진실을 드러낸 책이다. 5월 1일 노동절만 해도, 1886년 시카고의 노동자들이 8시간 노동제 쟁취를 위해 총파업을 벌인 날을 기려 정해진 것이다.

마이클 조던 월터 레이퍼버의 『마이클 조던, 나이키, 지구자본주의』(문학과지성사)는 마이클 조던의 성공 사례를 예로 삼아 초국적 기업의 부상과 문화제국주의의 발흥을 분석한 책이다. 책의 주제를 구현하기 위해 농구선수를 끌어들인 까닭은 뉴미디어에 힘입어 농구의 마케팅이 미국문화뿐만 아니라 전지구적 문화에서 중요한 요소가 되었기 때문이다. 또한, 레이퍼버는 미국이 초국적 기업을 통해 주도하고 있는 전지구적 자본주의의 싹이 발아한 시기와 농구가 창안된 시기가 일치한다고 본다. 농구가 고안된 1890년대에 비로소 미국경제가 세계 최대가 되었다는 것이다. 따라서, 농구의 역사는 미국의 세기라고 알려진 시대를 이해하는 데 도움이 된다는 얘기다. 마이클 조던의 시대는 특히 그렇다.

문화로 읽는 미국

미국문화가 세계의 문화를 주도하고 있는 것이 엄연한 현실이다. 그리고 우리는 알게 모르게 미국문화에 깊숙이 빠져 있다. 엄청난 땅덩이를 가진 미국에는 걸맞지 않은 비유지만, 문화의 파급력을 놓고 볼 때 미국은 '다윗'이다. 고작 230여 년의 역사를 지닌 나라가 수천 년 동안 전통문화를 이어온 '골리앗'들을 거꾸러뜨리고 있어서다.

찰스 패너티의 『문화와 유행상품의 역사』(자작나무)는 미국문화가 갖고 있는 가공할 괴력의 실체를 잘 보여 주는 책이다. 패너티는 미국문화의 대중성에 주목한다. 그는 미국의 민속학자 마이클 벨의 견해를 빌려 대중문화의 성격을 규명한다. '어떤 것이 대중적이라는 것은 그것이 절대 다수의 가치관에 맞

아떨어지게 만들어 졌으며, 또한 특별한 지식이나 경험 없이도 많은 사람들이 쉽게 이해할 수 있는 것을 뜻한다.' 곧, 대중적이라는 것은 대중에게 즉각적인 반응을 불러올 정도의 호소력을 갖춘 것을 말한다.

이러한 관점에서 패너티는 1890년대에서 1950년대까지 미국대중문화를 트렌드와 히트상품을 중심으로 정리했다. 10년 주기의 연대별로 그 시대의 유행상품 및 습속을 빼곡히 담았는데 '환상의 1940년대'에서는 제2차세계대전을 전후로 새롭게 나타난 인간관계와 모드가 주요한 테마를 이룬다. 40년대의 새로운 패션으로 주트 슈트와 다목적 의상 그리고 나일론 스타킹 등을 소개하고 있다. 주트 슈트는 어깨가 넓은 긴 상의에다 아랫자락이 좁고 통이 큰 바지를 바쳐 입는 스타일을 말한다. 주트 슈트는 10대들 사이에서 크게 유행했다.

태혜숙 교수의 『문화로 접근하는 미국』(중명)은 독특한 관점이 돋보이는 미국문화 입문서다. 이 책에서 태 교수는 고급문화와 대중문화의 경계를 허물면서 문화분석의 '크로스 오버'를 시도한다. 아울러, 일관되게 여성주의 시각으로 텍스트에 접근하는 페미니스트 문화비평을 견지한다. 책의 내용은 크게 두 부분으로 대별되는데 1부는 문학을 다뤘다. 여기에는 영화도 포함된다.

영화화된 미국소설들을 다루면서 자연스럽게 소설과 영화의 비교 고찰이 이뤄진다. 『라스트 모히칸』『가을의 전설』『주홍글씨』 같은 작품을 대상으로 원작소설과 영화의 차이점을 조목조목 따졌다. 그런데 여기서 주의해야 할 사항이 있다. 영화 감상으로 소설읽기를 갈음해서는 곤란하다는 것이다. 『주홍글씨』가 특히 그렇다.

이것은 『주홍글씨』의 원작이 섹슈얼리티에 소극적인데 비해 영화가 그것에 과감하다는 차원의 문제가 아니다. 그 정도는 사소한 차이다. 완역판 『주홍글씨』에는 서문 형태의 「세관」이라는 글이 붙어 있다. 호돈이 세관 행정의 난맥상을 풍자하기 위해 썼다고 하는 이 글은 소설의 줄거리에는 별반 영향을 미치지 않는다. 그래서 문고판 번역서에는 누락되기가 다반사다. 하지만 소설의 배경이 되는 시대적 정황을 일러주는 데다 날카로운 풍자가 돋보이는 「세관」을 빼먹으면 『주홍글씨』는 절반만 이해한 꼴이 된다. 영화 『주홍글씨』에는 「세관」이 묘사될 여지가 거의 없다.

『문화로 접근하는 미국』의 2부는 미국의 대중음악이 논의의 대상이다. 흑인음악의 발생부터 흑인의 고유한 음악양식이 미국 대중음악에 녹아드는 과정을 집중 탐구했다. 태 교수는 1949년 무렵 생성된 '리듬 앤 블루스'의 성장 배경을 다음 네 가지로 요약한다. 흑백차별구조의 온존, 이로 인한 원망과 분노의 음악적 승화, 흑인의 고용 증가로 인한 흑인음악 수요의 증가, 레코딩 기술의 발달과 음반 발표 공간의 확대가 그것이다.

태 교수는 미국문화에 대한 분석틀로 페미니스트의 잣대를 사용했다고 분명히 밝히고 있는데 페미니스트적 관점은 영화 「돌로레스 클레이본」과 「에이리언3」을 분석하는 대목에서 뚜

렷하게 드러난다. 태 교수는 「돌로레스 클레이본」에서 "현대 대도시나 시골에서나 미국여성의 삶은 여전히 척박하다는 것"이 느껴지는 것에 주목한다. 그리고 이를 근거로 외견상 많은 자유를 누리는 것 같은 대도시 공간에서 성공을 이루려는 미국 여성에게 가해지는 압력은 여전히 엄청나다고 지적한다.

하지만, 『미국 미국 미국』(한뜻)의 에드워드 베르는 그런 지적에 동의하지 않을지도 모른다. 베르는 미국의 여성운동이 도를 넘고 있다고 진단한다. 그는 그 증거로 미국 대학사회에서 빚어지는 엉뚱한 일들을 든다. '야간행사(take back the night)'는 강간이나 성희롱을 규탄하는 모임을 말하는데 주로 달이 환한 늦은 밤에 열린다. 베르는 군중심리를 교묘히 이용하는 '야간행사'가 미국의 명문대학들에서 유행하는 것에 개탄을 금치 못한다.

헌데, 성차별주의자로 낙인찍혀 학교에서 쫓겨난 교수들의 사례들을 읽노라면, '야간행사'는 차라리 애교스럽게 보일 정도다. 대학에서 추방된 교수들은 육체적 접촉의 혐의가 있거나 언어폭력을 행사한 사람들이 아니다. 그들은 강의내용을 명확하게 전달하기 위해 또는 조는 학생을 깨울 목적으로 성적 묘사나 농담을 했을 따름이다.

이런 상황이라면 정상적인 남녀관계가 이뤄질 리 만무하다. 또한, 뛰어난 학문적 성과를 기대하기도 어렵다. 한편, 소수자의 권리를 드높일 목적으로 제기된 '정치적 교정(political correctness)'은 비단 대학 사회뿐만 아니라 사회적으로도 엉뚱한 결과를 빚기도 한다. "남편 없이 어머니 혼자 자식을 키우는 일이 '가족적 관습의 다양화'로, 학교 내 폭력이 '다른 문화에 대한 교사들의 무지의 결과'로, 문맹이 '지식에 대한 또 다른 접근'으로 불리고 있고, 불량한 성적이 '소수민족 출신의 학생들이 강요된 교육과정 속에서 인정받지 못한 것'으로 설명"된다.

이 밖에도 에드워드 베르는 매스컴의 선정주의와 사이비 과학의 발호, 배심원 제도의 문제점과 재판부의 잦은 판결 실수, 이중잣대가 적용되는 인종문제, 공권력이 미치지 않는 특별구역 등 오늘날 미국이 안고 있는 문제점들을 낱낱이 보고한다. 그리고 베르는 이런 문제점들이 해결될 가능성을 퍽 낮게 본다. 무엇보다 미국 사회에는 '무관심'이 팽배하고 있어서다. 그렇더라도 영국 태생의 베르가 뭐가 아쉬워서 미국문제에 집착하는 걸까? 그것은 미국문화의 엄청난 파급력 때문이다. 베르는 그릇된 '정치적 교정'과 '무관심'의 전세계적인 만연을 두려워하고 있는 것이다.

그런데 에드워드 베르의 걱정이 기우에 불과하다고 말하는 사람이 있다. 모리스 버만의 『미국문화의 몰락』(황금가지)은 제목에서부터 우리의 상식을 여지없이 거스른다. 세계 유일의 초강대국 미국은 지금 막강한 경제력과 군사력을 바탕으로 팍스 아메리카나의 절정기를 구가하고 있다 해도 과언이 아니다. 그런데 미국의 문화가 몰락하고 있다니, 이게 대체 무슨 말인가?

버만은 문명이 몰락할 때 나타나는 네 가지의 징후가 미국에서 심각한 양상으로 치닫고 있기에 미국문화가 몰락의 길을

걷고 있다고 진단한다. 그는 문명 몰락의 징후로 사회적 불평등의 심화, 사회보장제도의 붕괴, 지적 수준의 급격한 하락, 정신적인 죽음 등을 꼽는데 앞의 두 요소와 나중의 두 요소는 각기 한 묶음으로 볼 수 있다. 특히 문맹의 확산과 정신의 몰락은 불가분의 관계에 있다.

글을 읽고 쓰는 지적 능력면에서 미국은 UN에 가입된 158개 나라 가운데 49번째다. 또, 성인 가운데 60% 정도가 전혀 책을 읽지 않으며, 책을 읽는 21-35세 사이의 연령층에서조차 일간신문을 정기적으로 읽던 비율이 1965년 67%에서 1998년에는 31%로 뚝 떨어졌다. 그런데 좀더 까다로운 기준을 적용하면 미국의 지적 수준은 턱없이 낮아진다.

버만은 루이스 라팜의 견해를 인용해 최소한의 표준교본과 친숙해져야 진정으로 글을 읽고 쓰는 능력을 갖춘 거라고 말한다. 마르크스, 다윈, 디킨스의 책들을 섭렵한 교양인은 전체 미국 인구에서 3%를 넘지 못한다. 그렇지만 표준교본을 두루 꿴 교양인이 희소하기는 다른 나라의 사정도 마찬가지일 것이다. 20세기가 '미국의 세기'라면 21세기는 "코카콜라나 미국의 위성방송과 나이키 운동화가 저 멀리 아프리카 오지에까지 퍼져나가"는 '미국화된 세기'인 까닭이다.

이 책은 버만의 폭넓은 책읽기의 소산이다. 버만에게 생각할 거리를 제공한 사람 중에는 우리에게 친숙한 이름이 많다. 데이비드 바사미언(『프로파간다와 여론』), 피터 피터슨(『노인들의 사회 그 불안한 미래』), 데이비드 덴비(『호메로스와 테레비』),

조셉 캠벨(『신화의 힘』 외) 등이 나오는데 캠벨에 대한 버만의 평가가 이채롭다. "인류학적 견지에서 볼 때 신화라는 것을 제대로 이해하지 못하고 있는 조셉 캠벨."

버만은 미국 사회의 정신문화가 황혼녘에 다다른 증거로 지적 분위기의 쇠퇴뿐만 아니라 일반적인 세태를 언급하기도 한다. "미국인들이 점점 다른 사람에 대한 최소한의 예절이나 배려를 보이지 못하고 있다는 점이다." 어떤 요청이나 부탁을 받았을 때 이를 거절하고 싶으면 아무런 응답을 하지 않는 것이 예사다. 취업희망자는 자신의 입사원서에 대한 회신을 받지 못하거나 취업자는 무단해고를 당하기 일쑤다. 이제 타인을 향한 배려는 "기업체들의 획일화된 정중함"으로 대체되었다. 버만은 기업의 논리가 미국 사회 구석구석을 지배하게 된 상황이 미국문화의 몰락을 재촉한다고 본다.

한편, 버만은 왜 독서를 해야 하는가에 대한 매우 타당한 이유를 제시하고 있기도 하다. 물론 이 역시 웬디 캐너러는 사회비평가의 견해를 차용한 것이기는 하나, 어떤 독서론보다 설득력이 있다. "글을 진정으로 이해하는 지적 능력이나 비판적 사고에 대한 염려와 배려야말로 유일하게 민주적인 것"이다. 독서교육은 민주주의 교육이라는 말처럼 들린다.

헨리 지루의 『디즈니 순수함과 거짓말』(아침이슬)은 거대 미디어 그룹인 디즈니사가 미국의 대중문화 영역에서 수행하고 있는 교육적 기능을 탐구한 책이다. 또한 이 책은 "디즈니가 만들어내는 가치와 사회적 관습과 욕망과 공교육이 단지 교육적인 문제가 아니라 전세계에 영향을 미치는 정치적이고 기업적인 권력의 문제라는 것을 분명하게 보여 준다."

지루는 즐거움·순수함·깨끗함을 명목으로 기업의 야심을 신비화하는 디즈니의 문화정치를 통박한다. 엄청난 문화 권력을 휘두르는 디즈니는 그것 자체로 민주주의의 운명에 심각한 의문점을 던지지만 디즈니 문화와 디즈니식 교육은 민주주의의 걸림돌로 작용한다는 것이 지루의 주장이다.

교육은 특정한 관점의 시민의식과 문화 및 사회에 대한 생각을 바탕으로 하는 까닭에 결코 순수할 수가 없지만 디즈니는 태연스레 순수함과 정치적 외형 배제를 디즈니 문화와 디즈니식 교육의 준거틀로 삼는다. 디즈니의 교육은 한마디로 "시민의식의 유치하고 개인적인 면을 강화시킨 도피주의와 소비주의를 조장하는 전략이고, 과거가 현재를 규제하는 방식으로 공공의 추억을 특정한 틀 속에서 정의 내리는 행위이다."

이러한 디즈니식 교육의 핵심은 테마 공원에서도 그대로 담겨져 있다. "디즈니 테마 공원들은 온건한 문화적 힘과는 거리가 멀고 미국의 과거를 미리 포장하여 깨끗한 이미지로 보여주며 소비적인 주체성을 개인의 미덕으로 강조한다." 따라서 어려서부터 디즈니를 비롯한 대중문화의 무차별 폭격을 받고 성장한 젊은이들이 민주주의를 "정부의 간섭 없이 원하는 것은 무엇이든지 사고 쓸 수 있는 것"이라 정의하는 것도 큰 무리는 아니다.

지루는 자신의 주장을 뒷받침하기 위해 다양한 발언과 각

종 통계수치를 인용하고 있는데 그것을 통해 우리는 미국문화의 한 단면을 보게 된다. 미국은 광고산업의 규모가 2천 5백억 달러에 이르는 광고천국이다. 2억 6천만 명의 미국인은 매일 2백 6십만 번의 라디오 광고와 3십만 번의 TV 광고, 5십만 개의 선전용 광고판, 그리고 180억 번의 잡지와 신문광고에 노출된다고 한다.

지루가 보기에 디즈니 문화를 미국 자체의 광고로 삼아 이상적인 기업 모델을 만들려는 의도를 품은 디즈니의 CEO 마이클 아이스너의 발언을 통해서는 '미국적인 것'의 세목을 엿볼 수 있다. "우리는 디즈니의 미국을 미국이란 나라와 미국을 이루는 국민, 투쟁심, 승리, 용기, 좌절, 다양성, 영웅주의, 역동주의, 다원주의, 발명의식, 유희적 성향, 동정심, 정의심, 관용과 같은 요소들을 사람들이 찬향할 수 있는 장소로 만들었다."

버지니아 스콧 젠킨스의 『바나나 혹은 미국의 역사』(이소)는 방대한 실증자료를 토대로 미국에 바나나가 도입되고 널리 확산된 과정을 꼼꼼하게 추적한다. 미국인들의 바나나 소비량은 실로 엄청난데 1999년 한 해에만 국민 1인당 75개의 바나나를 먹어치웠다. 젠킨스는 미국인의 바나나 선호를 마케팅의 승리로 간주한다. 그런데 미국에서 소비되는 바나나는 전량 중남미에서 수입한다.

제3부 미국 깊이 읽기

미국의 국가적 토대를 다진 책들

미국정치사에는 정전(定典)이 존재한다. 독립선언문, 헌법, 연방주의자 논고는 미국정치사에서 신성시되는 3대 문헌으로 꼽힌다. 여기에다 토마스 페인의 『상식』과 알렉시스 드 토크빌의 『미국의 민주주의』를 포함시키면 미국의 기초를 다진 문헌을 얼추 망라한 셈이다. 뉴욕 항의 들머리에 우뚝 서 있는 자유의 여신상이 들고 있는 책자가 바로 미국 독립선언문이다. 그만큼 독립선언문은 미국을 상징하는 문건이라고 할 수 있다.

독립선언문은 상징적 존재로 남아 있지만, 미합중국 헌법의 역할은 그 이상이다. 미국 사회의 작동원리가 헌법에 담겨 있다 해도 과언은 아니다. 마이클 카멘의 『저절로 돌아가는 기계』(정음사)는 미국 사회에서 헌법의 위상을 가늠한 책이다. 카멘은 미국의 헌법을 "식민지적 도제 기간이라는 긴 단계와 혁신적 청년기라는 좀더 신속한 변화의 기간 동안의 고유한 정의 경험에서 생겨난 하나의 순수한 파생물"로 파악한다.

또, 카멘은 1850년에 미국의 국무장관 다니엘 웹스터가 헌법을 가리켜 "우리에게 하나의 국민적 특성을 부여해주는 모든 것"이라고 기술한 것이 과장된 표현이라고 지적하면서도, 1850년 무렵의 많은 미국인이 그와 같은 가설에 동조했다는 사실에 대해 의미를 부여한다. "그 도구는 마침내 사회가 문화적으로 결정력을 가지고 있다고 간주하는 상징이 되어 가고 있었다."

이 책은 20세기 전반부에 이뤄진 '저절로 돌아가는 기계'에 대한 다양한 성인 교육의 양상을 전하기도 한다. 특히, 이민자를 위한 헌법교육이 폭넓게 행해졌다. 귀화시험에 통과하려면 헌법이 함의하는 바를 숙지해야 했다. 노스아일랜드의 프로비던스에 본부를 둔 '이민자를 위한 북미시민연맹'이 1915년 펴낸 교리 문답서에는 이런 내용이 있다.

"6. 질문. 당신은 우리 정부 형태를 신봉하고 있는가?
    답. 그렇다.
 7. 질문. 당신은 헌법을 지지하는가?
    답. 그렇다.
 8. 질문. 헌법을 지지하는 것은 무엇을 의미하나?

답. 법에 따라 사는 것을 그리고 다른 모든 사람들도
　　마찬가지라고 보는 것을, 그리고 필요하다면 그것
　　의 방어를 위해 투쟁하는 것을 의미한다."

　　마이클 카멘은 결론적으로 미국헌법의 발자취와 역할을 긍
정적으로 평가한다. 미국에서 "헌법 발전의 역사가 아무리 복
잡해 왔고, 그것의 유산이 아무리 모호해 보일지라도, 우리의
헌정의 전통은 헌법 자체를 보호함에 있어서 괄목하게 성공적
이었다고 주장할 수 있다"는 것이다. 또한, "비록 헌법이 보장
하고 있는 가장 중요한 자유의 상당 부분이 그릇되게 침해되
거나 무시되어 왔다는 사실을 부인할 수 없지만 그래도 그
'구성적인' 문서는 괄목할 만하게 잘 지속되어 오고 있고, 따
라서 괴로움을 당하고 있는 집단들이나 개인들을 위해 피난처
를 제공해 줄 뿐만 아니라 다수의 국민을 위해 안정을 제공해
오고 있다"고 덧붙인다.

　　미국헌법은 2백 년 넘도록 전면적인 개정을 하지 않은 것으
로도 유명하다. 이제 겨우 반 세기의 역사를 지닌 민주공화국
인 대한민국은 여섯 번의 헌법개정을 통해 제6공화국이 들어
서 있지만, 미국은 여전히 제1공화국이다. 그렇다고 미국인들
이 헌법을 전혀 손질하지 않은 건 아니다. 헌법수정조항을 추
가하는 방식으로 헌법을 보완해 왔다. 수정조항 가운데 가장
유명한 것은 종교와 표현의 자유를 제한하는 일체의 법률 제
정을 원천봉쇄한 수정헌법 제1조일 것이다. 수정헌법 제1조는

다음과 같이 규정돼 있다.

"연방의회는 국교를 정하거나 또는 자유로운 신교(信敎) 행위를 금지하는 법률을 제정할 수 없다. 또한, 출판의 자유나 국민이 평화로이 집회할 수 있는 권리 및 불만 사항의 구제를 위하여 정부에게 청원할 수 있는 권리를 제한하는 법률을 제정할 수 없다."

그리고, 1789년 9월 25일에 발의되어 1791년 12월 15일에 비준된 수정헌법 제1조부터 제10조까지의 첫 10대 조항은 권리장전으로 통한다. 헌법 본문은 1787년 9월 17일 제정되었다. 미국헌법은 7조의 본문과 26조의 수정조항으로 이뤄져 있다. 본문과 수정조항의 일부는 하위 항목을 두고 있다. 그러나, 이를 모두 합쳐도 전체 분량은 얼마 되지 않는다. 간단명료한 법조문의 특성을 감안해도 지나치게 소략한 편이다.

'연방주의자 논고' 또는 '연방주의자 선언'으로 옮겨지는 『페더랄리스트 페이퍼』(한울)는 헌법의 빈틈을 채워주는 아주 중요한 문건이다. 이 책은 미국연방대법원이 헌법해석을 위해 인용하는 가장 권위있는 주석서라고 한다. 또한, 미국 정치와 정치사상의 메커니즘을 이해하기 위한 필독서이자 미국 역사를 이해하기 위한 중요한 참고서로 여겨지고 있다.

『페더랄리스트 페이퍼』는 「인디펜던트 저널」을 비롯한 뉴욕에서 발행되는 신문들을 통해 1787년 10월부터 1788년 8월 사이에 푸블리어스(Publius)라는 가명으로 발표된 85편의 글을 엮은 것이다. 글의 내용은 새 헌법의 의미와 당위성을 설명하는 것을 골자로 한다. 실제 글쓴이들은 뉴욕 주 대표로 헌법제 정회의에 참여했던 세 사람의 페더럴리스트였음이 나중에 밝혀졌다. 알렉산더 해밀턴, 제임스 매디슨 그리고 존 제이가 자신들의 이름을 숨긴 것은 대중적 지지를 이끌어내기 위한 불가피한 선택이었다. 새 헌법의 옹호자로서 그들의 이름은 이미 널리 알려져 있었기 때문이다. 헌법의 효력 발생을 위한 헌법 비준을 놓고 격렬한 찬반 논쟁이 일었는데, 헌법 비준에 찬성하는 측을 페더럴리스트라 칭했고, 반대하는 쪽을 안티페더럴리스트라 불렀다. 『페더럴리스트 페이퍼』의 한글판에는 미국 헌법이 권말부록으로 실려 있다. 『이것이 미국이다』에도 헌법전문이 수록돼 있다.

토머스 페인의 『상식』(한글판으로는 루소의 글과 페인의 다른 글을 함께 수록한 『사회계약론·상식·인권론』(을유문화사) 등이 있다)은 미국독립의 필요성을 역설한 논문이다. 『상식』은 초판이 발간된 첫 해에 150만 권이나 팔렸다. 이 책은 미국독립전쟁 시기의 베스트셀러였다. 『상식』은 독립전쟁이 끝난 이후에도 초창기 미국의 이념적 자양분이 되었다.

"내가 미국에 머무는 동안 나의 관심을 끈 신기한 일들 가운데 국민들 사이의 생활상태의 전반적인 평등만큼 강렬하게 나를 놀라게 한 것은 없었다. 이 기본적인 사실이 사회의 모든 과정에 작용하는 엄청난 영향력을 나는 단시일 안에 발견했다. 그것은 여론에 독특한 방향을 제시하고 있으며 또한 법률에 특이한 경향을 부여하고 있다. 또한, 그것은 통치당국에 새로운 계율을 그리고 피치자에게는 독특한 습관을 나누어준다."

미국의 정치와 민주주의에 관한 불멸의 고전으로 평가받는 토크빌의 『미국의 민주주의』(한길사) 서론의 한 대목이다. 한편, 페인과 토크빌에게는 공통점이 있는데, 둘 다 미국의 민주주의에 애착을 가진 외국인이라는 점이다. 페인은 영국 태생이고, 토크빌은 프랑스 출신이다. 1831년 미국을 방문해 큰 감명을 받은 토크빌은 미국방문 경험과 연구를 바탕으로 1835년부터 1840년에 걸쳐 『미국의 민주주의』를 집필했다.

이채로운 것은 미국의 토대를 다진 문헌들이 끊임없이 재인식되고 있다는 점이다. 카타리나 침머의 화려한 싱글을 위한 책 『혼자 사는 기술』(이마고)에 『미국의 민주주의』가 등장하는 것은 좀 의외다. 침머는 『미국의 민주주의』에서 평등의 이념에 동반된 위험성―개인의 고립감과 자유에 대한 위험―을 간파한 토크빌의 혜안을 경탄해 마지않는다.

"토크빌이 미래를 담고 있는 이 새로운 사회에 대해 열린 태도를 가졌음에도 불구하고 그는 '낡은' 귀족주의적인 사회의 도덕적 가치를, 특히 자유를 높이 평가했다. 오늘날 우리는 개인의 자유를 민주주의 사회의 당연한 가치로 여긴다. 바로 그 점을 그가 힘주어 강조했다는 데서 우리는 그의 통찰력에 대해 놀라게 된다."

놀랍게도, 아들 조지 부시 대통령이 선호하는 언론인인 로버트 카플란의 『승자학』(생각의 나무)에는 『페더럴리스트 페이퍼』가 여러 번 인용되고 있다. 더욱 놀라운 것은 카플란이 세 명의 연방주의자를 마키아벨리와 홉스의 후계자로 여긴다는 점이다. "마키아벨리의 미덕은 미국 건국의 아버지들에게 영향을 미쳤다"거나 "『연방주의자 선언문』은 홉스적 진실을 정교하게 표현한 것이라 할 수 있다"는 카플란의 시각을 확대 해석하면, 현실 사회주의가 지닌 모순의 책임을 온통 마르크스에 지우는 논법과 일맥상통하게 된다. 해외에서 전쟁을 수행하지 않고서는 국가의 평안을 도모하기 어려운 미국의 생리가 결국은 건국 초기부터 배태된 형질이었다고 볼 수도 있으니까 말이다.

거꾸로 읽는 미국의 역사

역사는 승리한 자의 기록이다. 역사가 승리한 자의 전리품이기는 미국사도 마찬가지다. 일반적인 미국 역사책은 백인 지배층의 관점에서 콜럼버스의 아메리카 대륙 발견, 서부 개척, 인종차별 등을 합리화하거나 두루뭉술하게 기술한다. 미국의 각급 학교에서 사용되는 미국사 교과서는 그 정도가 더욱 심하다.

12종의 미국사 교과서를 분석한 제임스 W. 로웬은 미국 역사책에는 정보가 지나치게 많다고 지적한다. 그가 소장하고 있는 대중적인 교과서 12권의 평균 무게는 2kg이나 나가고, 평균 두께는 888페이지에 이른다. 역사교과서를 집필하기도 했던 로웬은 미국 역사교과서가 안고 있는 문제점을 신랄하게 비판한다.

"별 볼일 없는 한 가지 사건이 다른 사건과 연달아 제시되기 때문에 어떤 사실도 정확하게 기억하지 못한다. 교과서 저자들은 대부분의 나무와 수많은 열매를 담고자 하는 반면, 정작 독자에게 중요하다고 할 수 있는 숲을 보게 하는 일에는 태만하다. 그러다 보니 학생들은 사회생활을 일관되게 생각할 수 있는 능력을 계발하지 못한 채 교과서를 떠난다. 책이 세세한 사실들로 넘쳐나서 내용이 너무 많음에도 불구하고 선생님과 교과서는 우리가 미국의 역사에 관해 알아야 하는 대부분을 생략한다. 교과서가 제시하는 유의사실[1]의 일부분은 명백하게 허위이거나 증명될 수 없다. 요약하자면, 생략과 왜곡의 놀랄 만한 오류들이 미국 역사를 훼손시키고 있는 것이다."[2]

그런데, 미국 역사학계의 한켠에서는 뜻있는 학자들을 중심으로 생략과 왜곡 그리고 오류로 점철된 미국 역사를 바로잡으려는 움직임이 꾸준히 있어 왔다. 이들은 주류 백인의 시각에서 탈피해 북미원주민, 흑인, 사회주의자 같은 미국 내 소수자의 눈으로 미국 역사를 보려 한다. 거꾸로 읽는 미국사라고 할 수 있는 진보적인 역사학자의 대안 역사책은 심심찮게 한 글판을 얻었다.

하워드 진의 『미국민중저항사』(일월서각)는 도입부에서부터 여느 미국 역사책에서는 좀처럼 접하기 어려운 매우 충격적인

---

1) 근거가 없는데도 일반에게 사실처럼 인정되고 있는 기사.
2) 제임스 W. 로웬, 『선생님이 가르쳐준 거짓말』, 평민사, 15쪽.

내용을 담고 있다. 그것은 다름아닌 신대륙의 발견자로 추앙받아온 모험가 크리스토퍼 콜럼버스의 악행에 관한 것이다. 하워드 진은 미국의 어린이들이 배우는 역사책에 그저 영웅적인 모험이라 기술된 콜럼버스의 아메리카 대륙 발견의 진실을 낱낱이 파헤친다. 역사적 진실의 규명은 콜럼버스가 작성한 항해일지에 근거했는데 "50명만 있다면 그들(=북미원주민) 모두를 정복하여 마음껏 부릴 수 있을 것이다"라는 구절이 시사하듯이, 콜럼버스는 정복자를 자처했다. 또 실제로도 콜럼버스와 그의 탐험대는 원주민의 아픔 따위에는 아랑곳없이 정복자의 위세를 마음껏 누렸다.

대규모 약탈은 1495년부터 시작되었다. 그로부터 "2년 동안 살육, 수족절단, 자살로 인해 아이티의 25만 명에 가까운 인디언의 반이 죽어갔다." 이윽고 "1515년까지 남은 인디언의 수는 5만 명 정도"에 불과하게 된다. "1550년에 이르면 500명밖에 남지 않게 된다. 1650년의 한 보고서는 그 섬에 순수한 아라와크 족과 그 후예들이 한 사람도 남아 있지 않음을 보여준다."

그렇다면, 콜럼버스는 신대륙의 발견자라기보다는 제노사이드(대량살육)의 선구자라고 불러야 마땅할 터이다. 하워드 진은 다른 책의 각주를 통해 단지 피가 섞였다는 이유로 콜럼버스를 기리는 유대인들의 자가당착을 환기시키기도 한다.

"1989년 10월 5일, 보스턴의 「유대인 신문」에 밀러의 기사가 실렸다. 그는 이렇게 물었다. "왜 미국의 유대인들이 콜럼버스를 기리기 위해 스페인에 있는 성당으로 몰려들곤 할까? 그것은 다름아니라 콜럼버스가 유태계 혈통이었기 때문이다." 유대인 대학살을 기억하고 있는 유대인들이 몇 세기 앞서서 같은 짓을 저지른 학살자를 기념하다니, 이 얼마나 역설적인 얘기인가? 추측컨대 기자는 아마도 다른 대부분의 미국인들과 마찬가지로 콜럼버스가 인디언에게 저지른 잔악행위를 몰랐을 것이다."[3]

『미국민중저항사』는『하워드 진의 미국사』(이후)로 제목을 바꿔 다시 선보일 예정이다. 최신판을 번역 저본(底本)으로 한 이 새로운『미국민중사』는 클린턴 시대까지 포괄하고 있다.

프레더릭 E. 혹시와 피터 아이버슨이 엮은『미국사에 던지는 질문』(영림카디널)은 역사론의 형식을 빌린 아메리카 인디언 역사에 대한 입문서 구실을 하는 책이다. 13명의 필자가 쓴 글을 연대기 순으로 배열한 이 책은 독립전쟁, 헌법, 20세기 같은 독자에게 친숙한 주제를 북미원주민의 시각으로 재해석하고 있다. 총론에 해당하는「인디언과 백인의 관계: '프런티어'의 반대편에서 바라본 관점」에서 알폰소 오르티즈는 '프런티어' 개념이 '서구문명'이라는 개념 이상으로 북미원주민에 악영향을 끼쳐 왔다고 지적한다.

"백인 프런티어들이 건재한 이상 인디언들은 살아남기 위해 프런티어의 후위로서 필사적인 싸움을 할 수밖에 없었고, 때문에 자신들의 이야기를 들려주거나, 자신들의 경험을 이야

---

3) 하워드 진, 『오만한 제국』, 당대, 122쪽.

기할 겨를도, 의미도 찾을 수 없었다."

케네스 C. 데이비스의『교과서에서 배우지 못한 미국의 역사』(고려원미디어)는 유럽인의 아메리카 대륙 발견에서부터 이란-콘트라 스캔들 사건에 이르는 미국 역사의 중요한 국면들을 명료하게 기술한 책이다. 때로 역사의 진실을 파헤치기도 하는데 미국과 스페인 사이의 전쟁을 다룬 대목이 그 대표적인 예다. 미국은 스페인과 전쟁을 하게 된 이유로 스페인의 식민지였던 쿠바의 해방을 내세우고 있으나 이것은 그럴듯한 명분일 따름이다. 진짜 이유는 미국이 "쿠바에 흑인 공화국이 하나 더 생기는 것을 원치 않았기" 때문이다. 데이비스는 미국-스페인 전쟁시 미군의 희생과 관련해 흥미로운 보고를 하기도 한다. "스페인과의 전쟁에서 미국 군인 5,462명이 죽었는데 그 중 전사한 사람은 379명에 불과하였다. 나머지는 황열병과 말라리아 및 그 밖의 질병이 원인이었다."

『선생님이 가르쳐준 거짓말』에서 제임스 로웬은 미국 대통령 우드로 윌슨에 대한 시각교정을 유도한다. 미국의 평범한 대학생들은 윌슨의 이미지를 여성의 참정권 같은 진보적 대의에 연결시켰으면 시켰지, 윌슨이 수행한 두 가지 반민주적인 정책은 까맣게 모른다고 로웬은 지적한다. 윌슨은 국내적으로는 인종분리정책을 고수했고, 외교적으로는 외국에 대한 군사 개입을 감행했다는 것이다.

윌슨의 진면목을 제대로 알지 못하는 것은 한국인도 예외가 아니다. 우리는 윌슨이 민족자결주의를 제창해 3·1운동에 영항을 준 것으로 배웠다. 그러나, 로웬이 밝히고 있는 진실은 윌슨에게 품고 있는 우리의 소박한 호감을 여지없이 무너뜨린다.

"민족자결주의와 민주주의를 열렬히 지지한 윌슨이었지만, 식민주의, 인종차별주의, 반(反)공산주의라는 기본적 세 가지 '주의'는 한번도 포기한 적이 없다. 젊은 호치민은 베르사이유 협약에서 베트남의 민족자결주의를 호소했지만, 도리어 그는 윌슨의 세 가지 점 때문에 공격받았다. 윌슨은 호치민의 의견을 무시하고, 프랑스는 인도차이나를 계속 지배했다. 윌슨은 민족자결주의를 벨기에의 권리로 생각한 것이지, 남미나 남동아시아 국가 같은 나라의 권리로는 여기지 않았던 것이다."

단골 헌책방에서 1950대 중반 출간된 일본어 중역판으로 보이는 한글로 된 『흑인문학전집』을 보고 적이 놀란 일이 있었다. 그 시절만 해도, 아프리카계 미국인에 대한 우리의 관심이 비교적 높았던 모양이다. 하지만, 미국흑인의 역사를 다룬 책은 21세기에 접어들어서야 비로소 한글판이 나왔다. 『미국흑인사』(백산서당)에서 벤자민 콸스는 『흑인문학전집』 이후, 다시금 우리에게 흑인의 삶과 처지에 대해 관심을 촉발시킨 알렉스 헤일리의 『뿌리』에 한 페이지를 할애한다.

"이 작품은 헤일리의 자전적 소설로, 그의 아프리카 태생 조상 쿤타 킨테와 미국에서 태어난 그의 후손에 초점을 맞춰 그들이 혹독한 곤경을 극복하고 인종차별에 대해 재치 있고 자존심 있게 적응하는 능력을 보여 주었다."

보수적인 정치와 사회
—오늘의 미국을 이끄는 이념과 사람들

오늘의 미국을 이끄는 이념과 사람들

　　권용립 교수(경성대 정치외교학)는『미국의 정치문명』(삼인)
에서 "미국정치문명의 궁극적 속성은 '보수'라고 지적한다. 그
러면서 "자유주의뿐만 아니라 공화주의, 칼뱅주의 등 미국사
를 지배해왔던 주요 이념들의 내부적 융합과 긴장의 결과 생
성된 독특한 형태의 미국적 보수성을 지칭하는 개념"으로 '미
국적 보수주의' 또는 '보수적 아메리카니즘'이라는 개념을 도
입한다.

　　그런데, 보수적 아메리카니즘의 '보수'는 단순히 진보의 반

대를 의미하는 것이 아니라, 보다 근원적인 차원의 보수성을 뜻한다. 권 교수는 고대 공화주의 전통이 반영된 연방헌법과 독립전쟁 같은 정치적 전통에 대한 미국 특유의 경배의식을 근원적 보수성이 나타난 좋은 사례로 꼽는다. 이와 아울러 미국식 자유와 진보의 전형으로 손꼽히는 뉴딜 자유주의와 현대 미국의 리버럴리즘 또한 미국정치문명이 가진 근원적 보수성의 산물이라는 점에서 보수적 아메리카니즘의 '보수'가 진보적 측면까지 포괄하는 것으로 본다. 또한, 권용립 교수는 미국 역사를 지배해 온 세 줄기의 주요 이념이 상호융합과정을 통해 각각의 보수성을 더 강화시킨 경향을 보인 점을 들어, 미국정치문명을 보수적 아메리카니즘으로 칭할 수 있다고 주장한다.

"자유주의의 반(反)국가 윤리, 반(反)권력 윤리, 재산 중시 관념, 자유방임사상, 또 경제적 불평등을 자유의 당연한 결과로 정당화하는 태도는 공화주의의 '자연 분화 관념', 반(反)평등적 평등관, 회귀성향, 적자생존 이데올로기와 합치되는 것이었다. 또 칼뱅주의의 '차등 구원' 교리와 위계 관념은 공화주의의 서열적 세계관과 합치되는 것이었다. 따라서 식민시대부터 공존해 왔던 자유주의와 공화주의, 칼뱅주의의 융합은 미국정치의 근본 틀을 보수 지향의 틀로 만들 수밖에 없었다."

마이크 데이비스의 『미국의 꿈에 갇힌 사람들』(창작과비평사)은 미국의 노동계급과 노동운동이 어떻게 보수적인 정치문명에 투항, 굴복했는지 분석한 책이다. 1828년 필라델피아 주의 장인(匠人)들이 세계 최초로 노동당을 조직했을 정도로 미국의 노동자들은 선진적이었다. 그렇지만, 그로부터 150년 후, 텔레비전 뉴스 카메라에 비친 필라델피아 노조지부소속 선술집에 모여 1980년의 미국 대통령선거 입후보자를 놓고 논란을 벌이는 노동자들에게서 선조들의 모습은 찾아 볼 수 없다.

"비웃음과 휘파람이 난무하는 가운데 한 노동자는 미온적인 태도로 그래도 '그 중 덜 나쁜 축'이라고 카터 편을 들었으며, 또 한 사람은 더더욱 열의 없는 어조로 '항의' 표로 레이건을 찍자는 주장을 넌지시 비추었다. 결국 한 사람이 단호한 목소리로 유세장에서 대다수가 선택한 N-O-T-A(non of the above, 뽑을 놈 하나도 없다)를 외치자 대개들 고개를 끄덕였다. 그는 투표날 기표소에 가느니 술집에나 가서 앉아 있겠다는 말로써 자신의 주장을 다시 한번 강조하였다."

20세기 미국에서 치러진 선거 중 반 이상이 노동계급의 '침묵하는 다수'가 불참한 가운데 치러졌을 정도로 미국노동자의 탈정치 성향은 자못 심각하다. 데이비스는 이렇듯 개별화된 무언의 저항이 "한때 노동당과 노동절을 창시해냈던 이 나라에 프롤레타리아트의 독자적인 정당이 없다는 놀라운 사실의 역사적 상관물이라고 할 수도 있겠다"고 본다.

미국에서 노동자 정당이 설 땅이 없어진 것은 노동자층 내부의 분열이 원인을 제공했지만, 그 보다도 외부로부터의 극심한 탄압으로 인해 노동운동의 입지가 좁아질 수밖에 없었기 때문이었다. 여기에다, 제1차세계대전과 제2차세계대전 직후

휘몰아친 레드 콤플렉스의 광풍에서 보듯, 미국 사회에는 혁명적 열기에 고무되기보다는 혁명의 조짐을 두려워하는 사람들이 주도권을 쥐고 있었다. 미국의 '빨갱이 사냥'하면 으레 1950년대 초반의 매카시즘이 연상되지만, 이보다 30년 앞서 미국 사회는 한 차례 '빨갱이 소동'을 벌였다.

김형곤의 『미국의 적색공포 1919~1920』(역민사)는 제1차 세계대전 직후 나타난 적색공포를 통해 그것의 실체를 규명한 책이다. 이 책은 적색공포를 "제1차세계대전 직후 소위 '진실한 미국인'을 보호하고자 하는 목적에서 급진주의자, 아나키스트, 노동조합주의자, 공산주의자, 기타 '비미국적' 사상과 행위에 대한 공포 히스테리 열풍으로 정의"한다.

부연하면 "전쟁이 끝나고 아직 정상화가 되지 않았을 때, 미국에도 러시아의 볼셰비키와 같은 잘 조직된 음모세력들이 미국의 생활방식을 파괴하고 새로운 사회를 건설하려고 하는 혁명이 임박했거나 진행중이라는 고조된 두려움과 공포에 의해 자극된 전국에 걸쳐 일어난 '정상'의 상태를 위한 '부흥운동' 내지 편집병적 '보수적 우익운동'(보수적 아메리카니즘)의 하나"라는 것이다.

또, 김형곤은 실제적으로 혁명을 주도할 세력이 존재하지 않았다는 분명한 사실을 적색공포 히스테리의 본질로 본다. 그러니까 "존재하지 않는 위기를 거짓 창조함으로써 이를 타파하기 위한 당국자와 언론의 폭력을 정당화했다"는 것이다.

1919년의 적색공포는 2년 전 일어난 러시아 혁명의 영향을 받았지만, 그것은 간접적인 요인으로 작용했다. 보다 직접적인 원인은 종전으로 인해 400만의 제대군인이 사회에 복귀하면서 사회적 갈등을 유발시켰기 때문이다. 일자리의 부족은 노사갈등으로 이어졌고, 무능한 윌슨 행정부는 갈등을 더욱 증폭시켰다. 적색공포는 사회의 갈등을 해결하기 위한 손쉬운 방안이었다. 1920년의 절정기를 거쳐 적색공포는 1920년 후반에 이르러 거의 소멸된다. 미국인의 무관심이 적색공포의 급격한 몰락을 가져왔다. 미국인들은 언제 그랬냐는 듯, 자신의 관심사를 정치적으로 민감하고 복잡한 문제에서 라디오, 스포츠, 마작, 밀주 등 생활에 밀착된 사안으로 돌렸다.

노암 촘스키나 하워드 진 같은 미국의 비판적 지식인의 정치비평이 꽤 많이 번역된 덕분에 우리는 미국보수주의자의 목소리보다는 진보주의자의 목소리에 더 익숙하다. 하지만, 촘스키와 하워드 진은 미국 사회의 소수파다.

데이비드 브록의 『우익에 눈먼 미국』(나무와 숲)은 미국의 이념적 주류인 보수주의자의 면면과 그들의 생각을 접하게 하는 흔치 않은 기회를 제공한다. 태생적 자유주의자에서 보수주의로 개종했다가 다시 자유주의자로 거듭난 브록은 자신의 이념적 행보를 거침없이 토로한다. 우익진영의 폭로전문기자로 활약했던 브록은 그가 만난 보수주의 논객과 정치인의 프로필을 적나라하게 묘사하기도 한다. 이 책은 미국우익의 메커니즘에 관한 궁금증을 속시원히 풀어준다. 게다가 폭로성 내용이 많아 흥미도 만점이다. 브록이 「워싱턴 타임스」의 기자로 1987년 대통령 선거 취재차 한국을 방문한 경험을 회고한 대목이 이채롭다.

"보수주의 운동에 대한 맹목적인 헌신으로 나는 「워싱턴 타임스」 간부들의 신뢰를 받았고 그 다음 임무로 한국의 민주화, 전두환이 군사쿠데타로 권력을 장악한 이후 처음 치러지는 자유로운 대통령선거라는 민감한 사안을 취재하라는 명을 받았다. 그 취재 여행에서 나는 자유세계의 가장 강력한 나라 (미국)의 수도에 신문사를 소유하려는 문 목사의 관심이 진정으로 보수주의 이념을 강화하려는 데 있는 것이 아니라 한국, 일본과 같은 곳에서 통일신학의 영향력과 위신, 신뢰도를 높이려는 데 있다는 사실을 깨닫고 낙심했다."

소에지마 다카히코의 『누가 미국을 움직이는가』(들녘)는 미국의 정치가와 지식인의 다양한 이념적 스펙트럼을 일목요연하게 정리했다. 다카히코가 촘스키를 보는 시각이 흥미롭다. 그는 촘스키를 좌익성향의 급진자유파로 분류하면서도 독특한 평가를 내린다. "어쨌든 촘스키도 미국의 전통적인 지배층의 동향을 잘 알고 있는 인물인데, 나의 판단으로는 교묘하게 위장한 지배층의 별동대다."

미국경제뿐만 아니라 세계경제를 쥐락펴락하는 미국재벌 가문을 중심으로 세계의 금융 시스템을 움직이는 인맥과 메커니즘을 살핀 히로세 다카시의『미국의 경제지배자들』(동방미디어)에서는 미국경제의 견인차들을 만날 수 있다. 일본의 미국문화연구자들의 글을 엮은『미국문화지도』(한나래)는 미국문화의 계보를 파악케 한다. 책의 1부는 미국문화의 주역 51명의 프로필을 담았다. 공교롭게도 정치, 경제, 문화 각 방면에서 미국을 이끄는 리더들을 요약 정리한 세 권의 책은 일본사람들에 의해 만들어졌다. 일본인과 일본출판은 이런 방면에 재주가 뛰어나다.

미국과 전쟁 – 미국은 왜 자꾸 싸우는가

　　남북전쟁 이후 미국 본토에 전운이 감돈 적은 전무하지만, 미국은 해외에서 크고 작은 전쟁을 치렀다. 양차 대전, 한국전, 베트남전, 걸프전 그리고 가장 최근의 이라크 전쟁에 이르기까지 미국은 연합국의 일원 또는 미국 단독으로 참전해 왔다. 20세기의 이름난 전쟁 가운데 미국이 개입하지 않은 전쟁은 영국과 아르헨티나가 싸웠던 포클랜드 전쟁 정도가 있을 뿐이다.

　　『전쟁과 학살, 부끄러운 미국』(말)에서 군사전문가 홍윤서는 미국인들이 "신대륙의 원주민들을 모두 학살하여 원주민 종족을 거의 멸종시키는 잔학한 행위를 저지른 이후에도 항상 주변 국가를 탐내 1백 5십 회에 걸친 전쟁을 일으켰다"고 지적한다. 또한, 그는 이렇듯 미국이 전쟁을 일삼게 된 데에는 국가태동단계부터의 역사적 배경과 깊은 관련이 있는 것으로 본다.『전쟁과 학살, 부끄러운 미국』에서는 미국의 잦은 전쟁 수행을 "역사의 원류를 거슬러 올라가 미국의 잘못된 역사의 뿌리"에서 캐고 있는 책이다.

미국군사주의의 원류를 추적하면 침략자적 요소가 다분했던 콜럼버스로까지 거슬러 올라가겠으나, 탁월한 반전만화인『전쟁중독』(창해)에서 조엘 안드레아스는 미국군사대결주의의 기원을 미국독립의 시기로 다소 늦춰 잡는다. 안드레아스는 "모든 국가는 자신의 운명을 스스로 결정할 권리가 있다"는 미국독립혁명가들의 외침에서 전쟁중독의 기미를 본다. 독립을 쟁취한 지도자들은 자신들이 북미 대륙을 지배하도록 신에 의해 선택되었다고 믿었고, 그러한 확신은 '명백한 운명'이라는 표현으로 더욱 굳어졌다. '명백한 운명'은 18세기 이래 북미원주민을 핍박하고 영토확장을 정당화하는 논리로 사용되었다.

『전쟁중독』은 비록 미국인들이 전쟁터에서는 멀찍이 떨어져 있지만, 그들 역시 군사주의로 인해 비싼 대가를 치르고 있다는 사실을 만화 형식을 빌려 극명하게 표현하고 있다. 이 책의 58페이지 왼쪽에 수록된 그림은 좋은 예가 된다. 미국 국세청관리가 한 미국인의 호주머니와 지갑을 톡톡 털어 걷은 세금은 미국방부건물의 안쪽 오각형을 통과해 군산복합체의 돈주머니를 채운다. 1992년 초판이 출간된『전쟁중독』은 한동안 절판상태에 있다가 2002년 개정판이 나오면서 뒤늦게

빛을 봤다. 한글판은 개정판의 번역이다.

미국은 아프가니스탄 전쟁과 이라크 전쟁의 명분으로 테러리즘에 대한 응징과 예방적 차원의 선제공격이라는 점을 내세운다. 하지만, 21세기 들어 미국이 주도한 두 전쟁의 명분을 대 테러전으로 삼는 것은 설득력이 약하다. 미국의 정치학자 찰머스 존슨의 『블로우백』(삼인) 이론에 따르면, 미국(인)을 겨냥한 테러는 미국이 씨를 뿌린 거나 마찬가지이기 때문이다.

미 CIA 관료가 내부 용어로 고안한 '역풍(blowback)'은 원래 화학전 관련 용어로 가스를 투하한 군대에게 의도와는 달리 가스가 거꾸로 불어오는 상황을 가리킨다. CIA에서 사용된 '역풍'은 미국의 의원들에게 비밀로 부쳐진 특수기밀작전의 의도하지 못한 부정적 결과를 지칭한다. "역풍이란 역사적 사건에 대한 단순한 반응이라기보다는 오히려 외국 정부를 전복하거나 특정 목표 집단을 대상으로 한 국가 테러 작전을 지원하려는 미국의 단기적·불법적인 기밀작전에 대한 반응을 말하는 것이다."

미국 국민은 미정부가 국가 테러를 측면 지원한 나라들에서 어떤 일이 벌어졌는지 알 도리가 없지만, 테러 공작의 표적이 된 나라의 국민들은 사태의 심각성을 분명히 인식하게 된다. 찰머스 존슨은 그런 대표적인 사례로 이란(1953), 과테말라(1945), 쿠바(1959~1960), 콩고(1960), 브라질(1964), 인도네시아(1965), 그리스(1967), 베트남(1961~1973), 라오스(1961~1973), 캄보디아(1961~1973), 칠레(1973), 엘살바도르(1980년대), 니카

라과(1980년대), 이라크(1991~현재) 등을 꼽는다.

'역풍'을 알기 쉽게 말하면, 오사마 빈 라덴과 사담 후세인은 미 당국이 키운 호랑이라는 얘기다. 라덴과 후세인의 이름은 CIA의 협조자 명단에 올라 있었다. CIA는 적어도 1984년부터 아프가니스탄에서 무자헤딘의 수많은 이슬람 근본주의자(극단에 가까운)와 함께 오사마 빈 라덴을 지원했고, 레이건 행정부는 사담 후세인에게 무기를 공급했다. 미국이 이들을 도운 이유는, 주지하듯이 이들이 미국의 적의 적이었기 때문이다. 무자헤딘과 라덴은 소련의 아프칸 침공에 대항했고, 이라크는 이란과 전쟁을 벌였다. 그런 오사마 빈 라덴과 사담 후세인이 등을 돌린 것이다. 누가 먼저 배신을 했는지는 확실치 않지만 말이다.

'역풍'은 부메랑이 되어 무고한 미국인의 희생을 가져온다는 데에 문제의 심각함이 있다. X라는 국가에서의 미국 정책과 행위의 의도하지 않은 결과는 Y라는 국가의 미대사관 폭파 혹은 Z라는 국가에서의 미국인의 죽음을 초래한다는 것이다. 엘살바도르의 가톨릭 수녀로부터 우간다의 관광객에 이르기까지 확실히 일정한 수의 미국인이 그러한 방식으로 죽었다. 이들은 아무것도 모른 채 미 제국의 은폐된 시나리오대로 돌아다니다가 사고를 당한 것이다."

그러나, '역풍'의 폐해는 인명살상 같은 노골적인 사례로만 그치진 않는다는 것이 존슨의 주장이다. '역풍'은 패권국가의 오만함과 군사주의, 군사적 역할의 찬양에 따른 미국문화와 기본 가치의 왜곡 그리고 그로 인한 미국의 쇠퇴로 이어지는 연쇄작용을 일으킨다. 찰머스 존슨은 미국이 '역풍'의 굴레에서 벗어나는 방안도 조언하고 있는데 "미국은 군사력과 경제적 횡포보다는 외교와 선례를 통해서 국제관계를 주도하려고 노력해야만 한다"는 것이다.

월리엄 브럼의 『미군과 CIA의 잊혀진 역사』(녹두)는 세계 곳곳에서 '역풍'을 불러온 이른바 '더러운 전쟁'의 사례를 담은 책이다. 이 책은 국제공산주의 음모가에 의한 서방세계 전복에 대항하기 위해 미국이 제3세계에서 국제공산주의의 싹을 어떻게 제거했는지에 초점을 맞췄다. 이와 관련해 제사(題詞)로 쓰인 인용문이 인상적이다. "언젠가 공산주의가 세계의 대부분을 장악할 것이라는 두려움 때문에 우리는 반공주의가 이미 세계를 장악한 사실을 보지 못하고 있다."

타리크 알리는 『근본주의의 충돌』(미토)에서 중동 분쟁의 원인을 미국의 제국주의적 근본주의와 이슬람의 종교적 근본주의 사이의 갈등으로 해석한다. 책의 앞표지와 뒷표지에 실린 오사마 빈 라덴과 부시 대통령의 합성사진은 갈등을 상징하는 두 인물이 한 통속임을 시사한다. 『근본주의의 충돌』은 아프가니스탄 전쟁과 이라크 전쟁의 전황 보도에서 서방 언론 못지 않은 활약상을 보여 준 카타르의 위성방송 알자지라에 대한 정보를 제공하기도 한다. 책은 알자지라의 방송 스탭들이 영국 BBC에서 경력을 쌓았다는 것과 미군이 이라크 전쟁에서 바그다드의 알자지라 사무실을 폭격한 것이 우발적인 공격이 아니라는 사실을 알려 준다. 미군은 아프가니스탄에서도 알자지라 사무실을 공격했다.

해외의 비판적 지식인과 언론인의 글을 엮은 『미국의 이라크 전쟁』(북막스)에는 서방 언론의 일방적인 보도태도를 비판하는 글이 실려 있다. 알리 아부니마와 라니아 마스리의 「언론의 이라크 보도: 은폐와 왜곡」은 미국이 중심이 된 세계언론의 이라크 관련 보도가 은폐와 왜곡을 일삼고 있다고 지적한다. 일례가 이라크 무기사찰 관련 보도에서 미국의 정책에 동조하는 시각만을 배타적으로 소개하는 것이다.

이 글은 서방언론의 이라크 관련 보도에 나타난 문제점 6가지를 들고 있는데, 그것은 유엔의 경제 제재로 인해 이라크 국민이 겪는 고통의 무시 또는 경시, 폭격으로 인한 민간인 희생 관련 보도를 아예 하지 않거나 그 신뢰성에 의문제기하기, 사담 후세인과 이라크의 동일시, 미·영 당국의 발표를 맹목적으로 추종하기, 허위 '공정' 보도, 입맛에 맞는 전문가의 선택적 활용 등이다.

미국의 이라크 전쟁을 앞두고 우리 나라에서는 반전을 주제로 한 책이 여러 권 선보였다. 두 권의 『전쟁에 반대한다』는 각기 전쟁 반대의 메시지를 담았다. 개정번역판이 출간된 마이클 무어의 『멍청한 백인들』(나무와숲)에는 직접적인 반전 목소리는 없으나, 지은이는 공개석상에서 반전을 외쳤다. 미국의 다큐멘터리 영화감독인 마이클 무어는 2003년 아카데미 영화제의 장편 다큐 부문상을 받는 자리에서 부시 대통령을 향해 '부끄러운 줄 알라'고 일갈했다. 영국의 권위 있는 출판상인 부커상을 수상한 『멍청한 백인들』은 마이클 무어의 반전 발언의 진정성을 뒷받침한다.

　미국을 편드는 책도 있다. 프랑스의 언론인 장 프랑수아 르벨의 『미국은 영원한 강자인가?』(일송북)는 프랑스를 중심으로 유럽에 만연한 반미강박관념을 비판한 책이다. 프랑스의 5월 혁명 세대를 '68년도 폭도'라고 지칭하는 데서 르벨의 정치적 색깔은 충분히 짐작하고도 남음이 있지만, 미국의 전쟁 논리를 쌍수로 편드는 것은 좀 너무한다 싶다.

　르벨은 "새로운 테러 지령을 내리는 암호 메시지를 담고 있는 것 같다"는 이유로 오사마 빈 라덴 녹화 테이프의 방영을 금지했다는 미 당국의 발표를 그대로 수용하면서, 그렇게 하지 않았을 경우 미국 정부가 "범죄 방치로 비난받지 않겠는가?"라고 되묻는다.

목록으로 본 미국 관련 도서

출판평론가 이중한의 『독서목록개발기초연구』(한국출판연구소)는 세계 여러 나라의 추천도서목록을 한데 모아 분석한 책이다. 이 책에는 미국 관련 도서목록도 실려 있는데 「미국 이해를 위한 기본 문학작품과 미국사 도서목록」이 그것이다. 우선, 두 권의 책에서 추려낸 문학작품 목록을 살펴보자. 1973년 미국의 문학비평가 R.W.B. 루이스와 클리언스 브룩스가 함께 펴낸 9권짜리 『미국문학선집』 수록 작품과 선집에 딸린 추가목록에는 우리에게 친숙한 미국 고전문학 작품이 많다.

문학선집에는 호돈의 『주홍글씨』, 멜빌의 『모비딕』, 마크 트웨인의 『허클베리 핀의 모험』, 드라이저의 『아메리카의 비극』, 피츠제럴드의 『위대한 개츠비』, 헤밍웨이의 『무기여 잘

있거라』등이 포함됐고, 추가목록 10권 중에는 스토우 부인의
『톰 아저씨의 오두막』과 스타인벡의 『분노의 포도』가 들어
있다. 잡지 「에스콰이어」 편집자가 뽑은 목록에는 생소한 작
가와 작품이 대부분이다. 「에스콰이어」 목록은 『미국의 모든
것』(열화당, 1975)에서도 확인할 수 있다.

데이비드 노블의 『역사를 저버린 역사가들』에서 언급한 역
사가들의 저술목록은 다음과 같다.

△ 뱅크로프트 『History of The United States』
△ 터너   『The Frontier in America』
△ 베어드   『The Industrial Revolution』
           『Contemporary America History 1877~1913』
△ 베커   『The History of Political Parties in The
            Province of New York, 1760~1776』
           『The Declaration of Independence』
△ 패링턴   『Main Currents in American Thought』
△ 부어스틴   『The Lost World of Thomas Jefferson』
           『The Americans-The Colonial Experience』
           『The Genius American of Politic』

한편, 미국 역사학계와 정치학계의 연구 성과를 매개로 미
국의 사상과 역사를 해부한 권용립의 『미국 정치 문명』은 뛰
어난 미국연구서들을 일별하고 있다(39-41쪽). 20세기 미국 문

학의 대표작 100편을 골라 해제를 붙인 이용훈의『현대 미국 문학 100선』(단국대출판부)에서는 지난 세기 미국 문학의 흐름을 감지할 수 있다.

목록집이나 해제집은 아니지만, 찰스 패너티의『문화와 유행상품의 역사』와「뉴욕 타임스」북리뷰 기사를 엮은『Book of the Century』(Times Books)는 20세기 미국을 빛낸 대중서와 교양서를 접하게 한다. 찰스 패너티는 1900년대의 첫 10년간 업튼 싱클레어의『정글』와 잭 런던의『바다의 늑대』그리고 코넌 도일의 탐정소설 등이 인기를 끌었다고 전한다.

"코넌 도일은『주홍색 연구』가 성공한 이후 1894년 미국을 여행할 당시에도『셜록 홈즈의 모험』과『셜록 홈즈의 회고록』이 인기를 누리고 있었다. 그러나 미국인은 코넌 도일을 셜록 홈즈와 그의 친한 친구 왓슨 박사를 창조한 인물로만 기억했다. 저작권 보호가 미흡했던 당시에 코넌 도일의 책은 이미 복사본으로 많은 독자를 확보하고 있었지만, 정식으로 미국의 베스트셀러 대열에 낀 것은『배스커빌의 사냥개』를 통해서였다."

그러나 1900년대 미국서점가를 휩쓴 책은 따로 있었으니, 엘리노 글린의 감각적인 로맨스 소설『Three Weeks』가 바로 그것이다. 이 소설은 서점 진열대에 놓이기가 무섭게 팔려서 진열대에서는 좀처럼 찾아보기 어려울 지경이었다.

『Book of the Century』는 1897년부터 1997년까지「뉴욕타임스」북리뷰에 실린 주요 기사를 10년 단위로 묶었다(단, 1900년대와 1910년대는 하나로 묶었음). 아울러, 1972년에서 1997

년까지 '편집자 추천' 기사의 일부를 연도별로 발췌했다. 연대별 주요 기사모음에는 현대의 고전으로 통하는 작가와 사상가의 책들이 망라돼 있다. 1900년대와 1910대에는 콘래드의 『로드 짐』, 싱클레어의 『정글』, E.M. 포스터의 『하워즈 엔드』, D.H. 로렌스의 『아들과 연인』, 칼 융의 『무의식의 심리학』, 존 리드의 『세계를 뒤흔든 10일』 등이 리뷰와 '첫인상' '움스' 등의 꼭지를 통해 다뤄졌고, 1901년 4월 27일자는 에밀 졸라와의 인터뷰를 게재했다. 이어지는 1900년대 전반부에는 프로이트, 버지니아 울프, 제임스 조이스, 에즈라 파운드, 윌리엄 포크너, 마가렛 미첼, 제임스 미치너, 조지 오웰, 블라디미르 나보코프의 책들이 「뉴욕 타임스」 북리뷰 지면을 장식했다. 또한, 히틀러의 『나의 투쟁』(1933)과 보부아르의 『제2의 성』(1953)의 리뷰가 눈에 띈다. 1950년대 이후의 20세기 후반부에서는 소설가 존 업다이크의 책이 단골로 등장한다. 우리 나라 독자들이 그렇게 선호하지 않는 업다이크의 소설이 여러 권 번역된 사연을 이제야 좀 알 것도 같다.

미국 메모랜덤

| 펴낸날 | 초판 1쇄 2003년 6월 30일 |
| | 초판 4쇄 2015년 2월 23일 |

지은이	**최성일**
펴낸이	**심만수**
펴낸곳	**(주)살림출판사**
출판등록	1989년 11월 1일 제9-210호

주소	경기도 파주시 광인사길 30
전화	031-955-1350 팩스 031-624-1356
기획 · 편집	031-955-4671
홈페이지	http://www.sallimbooks.com
이메일	book@sallimbooks.com

| ISBN | 978-89-522-0106-5   04080 |

089 커피 이야기   `eBook`

김성윤(조선일보 기자)

커피는 일상을 영위하는 데 꼭 필요한 현대인의 생필품이 되어 버렸다. 중독성 있는 향, 마실수록 감미로운 쓴맛, 각성효과, 마음의 평화까지 제공하는 커피. 이 책에서 저자는 커피의 발견에 얽힌 이야기를 통해 그 기원을 설명한다. 커피의 문화사뿐만 아니라 커피에 대한 일반적인 정보 및 오해에 대해서도 쉽고 재미있게 소개한다.

021 색채의 상징, 색채의 심리

박영수(테마역사문화연구원 원장)

색채의 상징을 과학적으로 설명한 책. 색채의 이면에 숨어 있는 과학적 원리를 깨우쳐 주고 색채가 인간의 심리에 어떤 작용을 하는지를 여러 가지 분야의 사례를 통해 설명한다. 저자는 색에는 나름대로의 독특한 상징이 숨어 있으며, 성격에 따라 선호하는 색채도 다르다고 말한다.

001 미국의 좌파와 우파   `eBook`

이주영(건국대 사학과 명예교수)

진보와 보수 세력의 변천사를 통해 미국의 정치와 사회 그리고 문화가 어떻게 형성되고 변해왔는지를 추적한 책. 건국 초기의 자유방임주의가 경제위기의 상황에서 진보-좌파 세력의 득세로 이어진 과정, 민주당과 공화당의 대립과 갈등, '제2의 미국혁명'으로 일컬어지는 극우파의 성장 배경 등이 자연스럽게 서술된다.

002 미국의 정체성 10가지 코드로 미국을 말하다   `eBook`

김형인(한국외대 연구교수)

개인주의, 자유의 예찬, 평등주의, 법치주의, 다문화주의, 청교도 정신, 개척 정신, 실용주의, 과학 · 기술에 대한 신뢰, 미래지향성과 직설적 표현 등 10가지 코드를 통해 미국인의 정체성과 신념을 추적한 책. 미국인의 가치관과 정신이 어떠한 과정을 통해서 형성되고 변천되어 왔는지를 보여 준다.

058 중국의 문화코드

강진석(한국외대 연구교수)

중국의 핵심적인 문화코드를 통해 중국인의 과거와 현재, 문명의 형성 배경과 다양한 문화 양상을 조명한 책. 이 책은 중국인의 대표적인 기질이 어떠한 역사적 맥락에서 형성되었는지 주목한다. 또한, 구체적이고 실제적인 여러 사물과 사례를 중심으로 중국인의 사유방식에 대해 설명해 주고 있다.

057 중국의 정체성　eBook

강준영(한국외대 중국어과 교수)

중국, 중국인을 우리는 과연 어떻게 이해해야 하나? 우리 겨레의 역사와 직·간접적으로 끊임없이 영향을 주고받은 중국, 그러면서도 아직까지 그들의 속내를 자신 있게 말할 수 없는, 한편으로는 신비스럽고, 한편으로는 종잡을 수 없는 중국인에 대한 정체성을 명쾌하게 정리한 책.

015 오리엔탈리즘의 역사　eBook

정진농(부산대 영문과 교수)

동양인에 대한 서양인의 오만한 사고와 의식에 준엄한 항의를 했던 에드워드 사이드의 오리엔탈리즘. 이 책은 에드워드 사이드의 이론 해설에 머무르지 않고 진정한 오리엔탈리즘의 출발점과 그 과정, 그리고 현재와 미래의 조망까지 아우른다. 또한 오리엔탈리즘이 사이드가 발굴해 낸 새로운 개념이 결코 아님을 역설한다.

186 일본의 정체성　eBook

김필동(세명대 일어일문학과 교수)

일본인의 의식세계와 오늘의 일본을 만든 정신과 문화 등을 소개한 책. 일본인을 지배하는 이데올로기는 무엇이고 어떤 특징을 가지는지, 일본을 주목해야 하는 이유는 무엇인지 등이 서술된다. 일본인 행동양식의 특징과 토착적인 사상, 일본사회의 문화적 전통의 실체에 대한 분석을 통해 일본의 정체성을 체계적으로 살펴보고 있다.

261 노블레스 오블리주 세상을 비추는 기부의 역사

예종석(한양대 경영학과 교수)

프랑스어로 '높은 사회적 신분에 상응하는 도덕적 의무'를 뜻하는 노블레스 오블리주. 고대 그리스부터 현대까지 이어지고 있는 노블레스 오블리주의 역사 및 미국과 우리나라의 기부 문화를 살펴보고, 새로운 시대정신으로 노블레스 오블리주를 부활시킬 수 있는 가능성을 모색해 본다.

396 치명적인 금융위기, 왜 유독 대한민국인가 [eBook]

오형규(한국경제신문 논설위원)

이 책은 전 세계적인 금융 리스크의 증가 현상을 살펴보는 동시에 유달리 위기에 취약한 대한민국 경제의 문제를 진단한다. 금융안정망 구축 방안과 같은 실용적인 경제정책에서부터 개개인이 기억해야 할 대비법까지 제시해 주는 이 책을 통해 현대사회의 뉴노멀이 되어 버린 금융위기에서 살아남는 방법을 확인해 보자.

400 불안사회 대한민국, 복지가 해답인가 [eBook]

신광영(중앙대 사회학과 교수)

대한민국 사회의 미래를 위해서 복지는 선택이 아니라 필수라고 말하는 책. 이를 위해 경제 위기, 사회해체, 저출산 고령화, 공동체 붕괴 등 불안사회 대한민국이 안고 있는 수많은 리스크를 진단한다. 저자는 사회적 위험에 대응하기 위한 복지 제도야말로 국민 모두의 삶의 질을 높일 수 있는 길이라는 것을 역설한다.

380 기후변화 이야기 [eBook]

이유진(녹색연합 기후에너지 정책위원)

이 책은 기후변화라는 위기의 시대를 살면서 우리가 알아야 할 기본지식을 소개한다. 저자는 기후변화와 관련된 핵심 쟁점들을 모두 정리하는 동시에 우리가 행동해야 할 실천적인 대안을 제시한다. 이를 통해 독자들은 기후변화 시대를 사는 우리가 무엇을 해야 할 것인지에 대하여 생각해 볼 수 있을 것이다.

사회·문화

eBook 표시가 되어있는 도서는 전자책으로 구매가 가능합니다.

(주)살림출판사

www.sallimbooks.com
주소 경기도 파주시 문발동 522-1 | 전화 031-955-1350 | 팩스 031-955-1355